Reforma Trabalhista em Pontos
*De acordo com a Lei n. 13.467/17
e a MP n. 808/17*

Georgenor de Sousa Franco Filho

*Desembargador do Trabalho de carreira do Tribunal Regional do Trabalho da 8ª Região.
Doutor em Direito pela Faculdade de Direito da Universidade de São Paulo.
Doutor Honoris Causa e Professor Titular de Direito Internacional
e de Direito do Trabalho da Universidade da Amazônia.
Presidente Honorário da Academia Brasileira de Direito do Trabalho.
Membro da Academia Paraense de Letras*

Reforma Trabalhista em Pontos

*De acordo com a Lei n. 13.467/17
e a MP n. 808/17*

EDITORA LTDA.
© Todos os direitos reservados

Rua Jaguaribe, 571
CEP 01224-003
São Paulo, SP — Brasil
Fone: (11) 2167-1101
www.ltr.com.br
Fevereiro, 2018

Versão impressa: LTr 5944.9 — ISBN 978-85-361-9534-6
Versão digital: LTr 9314.2 — ISBN 978-85-361-9554-4

Dados Internacionais de Catalogação na Publicação (CIP)
(Câmara Brasileira do Livro, SP, Brasil)

Franco Filho, Georgenor de Sousa

Reforma trabalhista em pontos : de acordo com a Lei n.13.467/17 e a MP n. 808/17 / Georgenor de Sousa Franco Filho. — São Paulo : LTr, 2018.

Bibliografia.

1. Direito do trabalho 2. Direito do trabalho — Brasil 3. Direito do trabalho — Legislação — Brasil 4. Lei n. 13.467, de 2017 — Comentários 5. Medidas provisórias — Brasil 6. Reforma constitucional — Brasil I. Título.

18-12255   CDU-34:331.001.73(81)(094.56)

Índice para catálogo sistemático:

1. Brasil : Reforma trabalhista : Leis :
Comentários : Direito do trabalho
34:331.001.73(81)(094.56)

*O progresso é impossível sem mudança;
e aqueles que não conseguem mudar as
suas mentes não conseguem mudar nada.*

George Bernard Shaw

*Para Elza,
compreensão e amor.*

Sumário

I — Razões dos Pontos 9

II — Os Pontos 11

   1. Autônomo 13

   2. Banco de Horas 16

   3. Comissão de Empresa 18

   4. Dano Extrapatrimonial 21

   5. Parametrização do Dano Extrapatrimonial 26

   6. Desabilitação Profissional 29

   7. Empregado Hipersuficiente 31

   8. Equiparação Salarial 35

   9. Férias 40

  10. Gestante, Lactante e Insalubridade 43

  11. Gorjeta 45

  12. Honorários Advocatícios 48

  13. Horário *In Itinere* 50

  14. Intervalos 52

  15. Jornada 12x36 58

  16. *Pegadinhas* dos Arts. 611-A e 611-B 59

     1. A regra do art. 611-A 59

     2. A regra do art. 611-B 62

  17. Pejotização 65

  18. Preposto Empregado ou Não? 67

  19. Quitação Trabalhista 69

  20. Rescisão por Acordo 71

  21. Teletrabalho 73

22. Tempo Parcial 76
23. Terceirização 78
24. Trabalho Intermitente.. 83
25. Ultratividade 90

III — Futuro do Trabalho, do Direito do Trabalho e da Justiça do Trabalho................. 93
    1. Origens do futuro 93
    2. Futuro do trabalho.. 94
    3. Futuro do Direito do Trabalho.. 96
    4. Futuro da Justiça do Trabalho 98

Principais Obras do Autor... 103
    De autoria exclusiva.. 103
    Obras coordenadas 104
    Obras em coautoria 105
    Prefácios/Apresentações 108

I — Razões dos Pontos

Este livro é a reunião de uma série de artigos, publicados no jornal *"O Liberal"*, de Belém do Pará e em alguns periódicos brasileiros, nos meses seguintes à sanção da Lei n. 13.467, de 13.7.2017, após sua entrada em vigor (11 de novembro) e em seguida à edição da Medida Provisória n. 808, de 17.11.2017. São 25 textos sobre pontos bastante controvertidos da reforma trabalhista, visando a destacar aspectos que devem merecer a atenção de magistrados, advogados, empresários e trabalhadores.

Desde sua aprovação, no longínquo 1º de maio de 1943, a CLT vem sendo criticada. Diziam que seria uma reprodução da *Carta del Lavoro* italiana, como se os poucos trinta artigos daquele documento pudessem ter sido ampliados, numa simples cópia, para o quase milhar de seus dispositivos. Ao longo de mais de setenta anos, incontáveis tentativas de reforma foram feitas. A que terminou aprovada pelo Parlamento e sancionada pelo Presidente da República não é a ideal, e disso ninguém duvida. Mas, era induvidosamente necessária. Inúmeros ajustes deverão, nos próximos anos, ser efetuados, visando a corrigir os equívocos e a solucionar os conflitos dela resultantes.

Esses dois diplomas, mais que outras tentativas, representaram os dois marcos mais importantes de uma profunda reforma na legislação trabalhista, reclamada pela sociedade, que foi surpreendida com o projeto de lei que se transformou na Lei n. 13.467/17 e, 72 horas após sua vigência, na reforma da reforma, representada pela Medida Provisória n. 808/17.

Reuni 25 estudos, que chamei de pontos, sobre diversos aspectos da reforma trabalhista que foi operada em nosso país neste ano de 2017. Fiz, em vista das alterações processadas após a elaboração de alguns, ajustes necessários, conservando minha opinião sobre as mudanças e minha preocupação com o futuro das relações de trabalho no Brasil.

Muita coisa tem sido escrita, outro tanto precisa ser descoberto nas entrelinhas dos textos legais apresentados, e, especialmente, entendo que é indispensável que os interlocutores sociais repensem seu relacionamento interpessoal para garantia da tranquilidade e do amanhã na vida brasileira.

Almejo que estes pontos possam auxiliar os interessados a entender um pouco das questões nebulosas que envolvem essa grande reforma trabalhista de 2017, reiterando agradecimentos à LTr Editora que, mais uma vez, acolhe meus escritos.

Belém, janeiro, 2018.

Georgenor de Sousa Franco Filho

II — Os Pontos

II — Os Portos

1. Autônomo

Autônomo é a pessoa física que, por conta própria, exerce atividade econômica de natureza urbana, com fins lucrativos ou não, possuindo as seguintes características: ausência de subordinação, na medida em que não está submetido a controle ou fiscalização de quem contrata seus serviços; continuidade, porque esse trabalho não se exaure com um único ato, sendo duradouro; e, habitualidade, porque a atividade desenvolvida é sempre a mesma.

Existe uma chamada *zona cinzenta* no Direito do Trabalho, que costuma colocar certos trabalhadores sem o reconhecimento de subordinação que lhes garantiria inúmeros direitos trabalhistas. Nela encontramos os representantes comerciais, que, regulados pela Lei n. 4.886/65, em muitas oportunidades são apenas empregados subordinados de um determinado produtor. Na mesma linha, cabeleireiros, manicures e assemelhados, trabalhadores intelectuais, motoristas de táxi, motoqueiros responsáveis por entregas, corretores (inclusive os de imóveis), cujos traços caracterizadores da atividade podem revelar sua condição de verdadeiros empregados, dependendo, nesse particular, das provas apresentadas e da sensibilidade do julgador.

O art. 442-B da CLT, introduzido pela Lei n. 13.467/17 (a da reforma) e modificado pela Medida Provisória n. 808/17 (a da reforma da reforma), dispõe:

> Art. 442-B – A contratação do autônomo, cumpridas por este todas as formalidades legais, de forma contínua ou não, afasta a qualidade de empregado prevista no art. 3º desta Consolidação.

Parece que será muito difícil e, consequentemente, raro, identificar claramente a fraude no contrato de autônomos, porquanto, como se infere, cumprida a formalidade da celebração do contrato reconhecendo a autonomia, a lei afasta a possibilidade de reconhecer relação de emprego como define o art. 3º da CLT.

Foi suprimida a expressão *com ou sem exclusividade,* constante da primitiva redação do *caput* do art. 442-B, passando seu § 1º a consignar que:

> § 1º É vedada a celebração de cláusula de exclusividade no contrato previsto no *caput*.

E, em complemento, o § 2º elucidou que:

> § 2º Não caracteriza a qualidade de empregado prevista no art. 3º o fato de o autônomo prestar serviços a apenas um tomador de serviços.

Significa que o autônomo conservará essa condição ainda que seja de um único tomador de seus serviços, e se o contrato de trabalho consignar cláusula de exclusividade, ainda assim não perderá essa condição. Ou seja, continuará autônomo e a cláusula deverá ser declarada nula.

Além desses §§ 1º e 2º, mais cinco outros foram acrescentados pela Medida Provisória n. 808/17, esclarecendo o § 3º que:

> § 3º O autônomo poderá prestar serviços de qualquer natureza a outros tomadores de serviços que exerçam ou não a mesma atividade econômica, sob qualquer modalidade de contrato de trabalho, inclusive como autônomo.

Esse parágrafo faculta ao trabalhador contratado como autônomo ser admitido também como empregado regular ou mesmo como autônomo em outro tomador de seus serviços, irrelevante a atividade econômica que este exerça.

O autônomo pode, segundo o § 4º, recusar-se a realizar atividade solicitada pelo contratante, sujeitando-se, todavia, à aplicação de cláusula penal que esteja prevista no contrato.

Visando a dispor sobre o que chamamos acima de zona cinzenta no Direito do Trabalho, a Medida Provisória n. 808/17 parece ter agido com excessivo rigor com determinadas atividades. É o que o § 5º do art. 442-B possui a seguinte redação:

> § 5º Motoristas, representantes comerciais, corretores de imóveis, parceiros, e trabalhadores de outras categorias profissionais reguladas por leis específicas relacionadas a atividades compatíveis com o contrato autônomo, desde que cumpridos os requisitos do *caput*, não possuirão a qualidade de empregado prevista o art. 3º.

Esse parágrafo relaciona algumas atividades (motoristas, representantes comerciais, corretores de imóveis e parceiros) e se reporta a *trabalhadores de outras categorias profissionais*. A tanto, basta que sejam regulados por leis específicas que tenham alguma relação com atividade autônoma. Acrescenta que, se cumpridos os requisitos do *caput* do art. 442-B, esses trabalhadores não serão empregados.

As formalidades legais são a existência de um contrato escrito, ser o contratado pessoa física, que o trabalho seja realizado por conta própria, desenvolvendo atividade econômica de natureza urbana, podendo ter ou não finalidade lucrativa, que são requisitos constantes da Lei n. 8.213/1991. O que o novo comando legal determina é que é irrelevante a exclusividade, ou mesmo o exercício da mesma atividade da empresa contratante. Preenchidos esses requisitos, o trabalhador contratado dessa maneira deverá ser considerado autônomo.

Assim deve ser entendido, também, porque o § 7º assinala que essa condição de autônomo permanecerá mesmo que a atividade seja relacionada com o negócio da empresa contratante, como que tentando, por esse viés, legalizar a pejotização (que trataremos mais adiante).

No entanto, é relevante o disposto no § 6º, assinalando que:

> § 6º Presente a subordinação jurídica, será reconhecido o vínculo empregatício.

Verificando com bastante cautela, essa redação leva-nos a uma conclusão: o autônomo será tão autônomo quanto à ausência de liberdade de seu trabalho. Se for identificada qualquer forma de controle, qualquer ordem de comando, qualquer forma de cumprimento de atividade, esse autônomo poderá ser considerado empregado. O diferencial é justamente a subordinação jurídica.

Assinalamos esse aspecto que é muitas vezes o que se passa no exercício de diversas atividades, como corretor de imóveis (que atua com exclusividade e, sobretudo, recebendo ordens da contratante, não podendo delas se afastar), ou o parceiro, aquele que trabalha, por exemplo, em salões de beleza (que é mascarado de autônomo, mas na verdade não goza da mínima autonomia).

O art. 442-A e seus parágrafos pode refletir em várias atividades profissionais, mas não deve ser interpretado de forma a admitir que qualquer profissão possa ter esse caráter de autonomia. Se ruim a Medida Provisória n. 808/17 ao tratar do tema, pelo menos o § 6º poderá permitir a correção de possíveis injustiças, cabendo à Justiça do Trabalho atuar, quando provocada, para corrigir esses lamentáveis equívocos.

2. Banco de Horas

Para um mecanismo destinado a promover a flexibilização da jornada de trabalho diária, permitindo a compensação dos excessos de variados modos, considerando a jornada inicial contratada, costuma-se chamar de *banco de horas*. No Brasil, foi criado em 1998, pela Lei n. 9.601, de 21 de janeiro.

Com efeito, o art. 59 da CLT permite, por via de acordo individual, de convenção coletiva de trabalho ou de acordo coletivo de trabalho, que a jornada normal seja acrescida de mais duas horas extras diárias, remuneradas a 50% do valor da hora normal (art. 7º XVI da Constituição).

Trata-se de um sistema flexível de jornada. Como anota Luciano Martinez, não é nem compensação nem prorrogação, mas o pior dos dois sistemas[1], em uma prática altamente prejudicial a todos os trabalhadores, inclusive aos contratados a tempo parcial, aos quais, anteriormente, era proibido esse instrumento, mas foi revogado o § 4º do art. 59 da CLT.

Essa prática existe em alguns países. Na Alemanha, resulta de negociação coletiva, apresentando-se em cinco modalidades diferentes. Na Argentina é embrionária, existindo na área da indústria automotora. Na Espanha, apenas 3,5% dos trabalhadores estão submetidos ao regime do banco de horas. Na França, decorre de negociação coletiva.

A legislação portuguesa possui regras expressas a respeito. O art. 208 do Código do Trabalho cuida do banco de horas. Em Portugal, é permitido o acréscimo de quatro horas/dia, até seis por semana, atingindo até duzentas horas no ano. Esse limite anual poderá ser ampliado mediante negociação coletiva e por apenas doze meses.

Segundo a norma lusitana, o instrumento coletivo é o grande veículo de regulação do banco de horas, cuidando de compensação (em redução do trabalho, em pagamento *in pecunia* ou de ambas as modalidades). Também a antecedência para chamar o empregado ao trabalho intermitente deve ser fixada em norma coletiva.

Dispõe o art. 59 e seus parágrafos da CLT:

Art. 59. A duração diária do trabalho poderá ser acrescida de horas extras, em número não excedente de duas, por acordo individual, convenção coletiva ou acordo coletivo de trabalho.

§ 1º A remuneração da hora extra será, pelo menos, 50% (cinquenta por cento) superior à da hora normal.

§ 2º Poderá ser dispensado o acréscimo de salário se, por força de acordo ou convenção coletiva de trabalho, o excesso de horas em um dia for compensado pela correspondente diminuição em outro dia, de maneira que não exceda, no período máximo de um ano, à soma das jornadas semanais de trabalho previstas, nem seja ultrapassado o limite máximo de dez horas diárias.

---

(1) MARTINEZ, Luciano. *Curso de direito do trabalho*. São Paulo: Saraiva, 2010. p. 293.

§ 3º Na hipótese de rescisão do contrato de trabalho sem que tenha havido a compensação integral da jornada extraordinária, na forma dos §§ 2º e 5º deste artigo, o trabalhador terá direito ao pagamento das horas extras não compensadas, calculadas sobre o valor da remuneração na data da rescisão.

§ 4º (Revogado).

§ 5º O banco de horas de que trata o § 2º deste artigo poderá ser pactuado por acordo individual escrito, desde que a compensação ocorra no período máximo de seis meses.

§ 6º É lícito o regime de compensação de jornada estabelecido por acordo individual, tácito ou escrito, para a compensação no mesmo mês.

Desse texto legal, temos os seguintes traços caracterizadores:

1) o *banco* pode ser criado por negociação coletiva (acordo ou convenção coletiva de trabalho) e também mediante acordo individual, ou seja, por ato entre empregador e empregado, e, necessariamente por escrito;

2) as horas suplementares poderão ser, no máximo, de duas por dia, metade do admitido em Portugal;

3) não há pagamento dessas horas extraordinárias, mas uma expectativa de compensação futura que deverá ocorrer no período de um ano, se fruto de negociação coletiva, ou em seis meses, se resultado de acordo individual;

4) os prazos de convocação e recusa estão definidos na legislação, diferente de Portugal, onde a atribuição é transferida aos interessados, por meio de negociação coletiva; e,

5) as horas superiores a 10ª hora não podem ser *depositadas* para compensação futura (o limite são dez horas por dia), devendo ser remuneradas de pronto.

Ponto altamente confuso e de difícil compreensão é o texto da lei quando refere: *de maneira que não exceda, no período máximo de um ano, à soma das jornadas semanais de trabalho previstas* (§ 2º do art. 59). Tem sido entendido que resulta que a soma da jornada prevista e acumulada ao final de um ano será de 44 horas. Caso exceda, as horas sejam superiores a esse limite devem ser imediatamente usufruídas.

Deve ser reiterado que os critérios que a jurisprudência consagrou na Súmula n. 85 do TST, relativos à compensação de jornada, não se aplicam ao banco de horas, conforme seu item V:

Súmula n. 85 –V – As disposições contidas nesta súmula não se aplicam ao regime compensatório na modalidade "banco de horas", que somente pode ser instituído por negociação coletiva.

Assinale-se, ainda, que o banco de horas anual pode ser objeto de livre pactuação em sede de negociação coletiva, por qualquer dos dois instrumentos autônomos que dela resulte, na forma do disposto no art. 611-A, n. II, da CLT, nos mesmos moldes do modelo português.

Por fim, é de lamentar que se admita o banco de horas pela via do acordo individual, quando, como sabido, a desigualdade das partes conduz a que o trabalhador concorde com as condições e propostas do empregador, na tentativa de garantia o seu emprego.

3. Comissão de Empresa

Os arts. 510-A a 510-D da CLT, que foram introduzidos com a reforma operada pela Lei n. 13.467/17, cuidam da figura do representante dos empregados em comissão de empresa, criada pela Constituição de 1988 (art. 11 [2]) e que, até então, não havia sido regulamentado, embora não fosse prevista expressamente essa exigência.

Regulamentado, pode ser que finalmente sejam implantadas essas comissões cuja finalidade constitucional é exclusivamente promover o entendimento direto com os empregadores, apenas nas empresas que possuírem mais de duzentos empregados. Não se confunde com a comissão prevista no art. 9º da Lei n 7.783/89 (Lei de greve), que é destinada a negociar situações envolvendo paralisação do trabalho, logo, completamente diferente da comissão de representantes. Nada tem a ver com as comissões de conciliação prévia, criadas pela Lei n. 9.958, de 12.1.2000, que introduziu os arts. 625-A a 625-H na CLT, de composição paritária para tentar conciliar conflitos internos. Tampouco se trata de negociar coletivamente, atribuição dos sindicatos e formalmente ilegítima para isso, como está expresso no art. 510-E da CLT, introduzido pela Medida Provisória n. 808/17, que dispõe:

> Art. 510-E. A comissão de representantes dos empregados não substituirá a função do sindicato de defender os direitos e os interesses coletivos ou individuais da categoria, inclusive em questões judiciais ou administrativas, hipótese em que será obrigatória a participação dos sindicatos em negociações coletivas de trabalho, nos termos do incisos III e VI do caput do art. 8º da Constituição.

O que esse artigo explicita é a legitimidade dos sindicatos na defesa da categoria quando se tratar de negociação coletiva de trabalho, conforme os incisos III e VI do art. 8º constitucional, a fim de não estender a competência da comissão para além dos limites traçados pelo art. 510-B, da CLT.

Estas comissões serão compostas por três a sete membros, conforme o número de empregados nas empresas, que elegerão seus representantes. Devem ser três membros para empresas entre duzentos e três mil empregados; cinco membros, nas empresas com mais de três mil até cinco mil empregados; e sete membros para as que possuem mais de cinco mil empregados (art. 510-A, § 1º). A regra deve ser aplicada àquelas empresas que possuem empregados em outros Estados da Federação e no Distrito Federal, sempre que for alcançado o número mínimo de empregados (art. 510-A, § 2º). Esses números podem ser menores, se não houver candidatos suficientes (art. 510-C, § 5º).

---

(2) Dispõe a Constituição:
   Art. 11. Nas empresas de mais de duzentos empregados, é assegurada a eleição de um representante destes com a finalidade exclusiva de promover-lhes o entendimento direto com os empregadores.

Eleita, a comissão de representantes terá importante missão dentro do âmbito de trabalho. O art. 510-B enumera sete atividades relevantes, que, embora pareçam exceder a finalidade constitucional de promover entendimento direto com o empregador (art. 11 da Constituição), indica destacadas missões, a saber:

I – representar os empregados perante a administração da empresa;

II – aprimorar o relacionamento entre a empresa e seus empregados com base nos princípios da boa-fé e do respeito mútuo;

III – promover o diálogo e o entendimento no ambiente de trabalho com o fim de prevenir conflitos;

IV – buscar soluções para os conflitos decorrentes da relação de trabalho, de forma rápida e eficaz, visando à efetiva aplicação das normas legais e contratuais;

V – assegurar tratamento justo e imparcial aos empregados, impedindo qualquer forma de discriminação por motivo de sexo, idade, religião, opinião política ou atuação sindical;

VI – encaminhar reivindicações específicas dos empregados de seu âmbito de representação;

VII – acompanhar o cumprimento das leis trabalhistas, previdenciárias e das convenções coletivas e acordos coletivos de trabalho.

As regras para a eleição de seus membros estão no art. 510-C. Infere-se que não se trata de uma comissão paritária, isto é, com representantes de empregados e empregadores, mas apenas com os trabalhadores, da mesma forma. Ademais, não se trata de uma obrigação patronal, e sim de proporcionar os meios para a sua formação e funcionamento. Estranhamente, os sindicatos foram excluídos de qualquer participação na formação dessas comissões, sequer participam do processo eleitoral, do qual foram expressamente excluídos (art. 510-C, § 1º).

Uma comissão eleitoral, formada por cinco empregados, que não sejam candidatos, deverá ser formada para cuidar de todo o processo eleitoral, sem interferência da empresa e do sindicato de classe, defeso disputar o pleito empregados contratados por prazo determinado, com contrato suspenso ou em período de aviso-prévio, ainda que indenizado (art. 510-C, § 2º). Mas, quem tomará a iniciativa para formar a comissão, se empresa e sindicato da categoria foram expressamente excluídos, e a lei é omissa a respeito? Pensamos que a medida deve ser tomada pelos próprios empregados, dentre os seus líderes habituais, que devem incentivar os colegas de trabalho a promover sua formação.

A votação será secreta e, portanto, presencial. Os mais votados serão considerados eleitos, devendo ser empossados no primeiro dia útil seguinte à eleição ou ao término do mandato da comissão anterior (§§ 3º e 4º do art. 510-C). Como a lei não criou critérios para desempate é adequado que se aplique, por analogia, o disposto no item 5.44 da NR-05, que cuida de eleição para Comissão Interna de Prevenção de Acidentes (CIPA) e prevê que será considerado eleito que tiver maior tempo de serviço no estabelecimento, não cabendo criar regra pela via da negociação coletiva, porque os sindicatos foram excluídos de qualquer interferência no pleito.

Caso não haja registro de candidaturas, deve ser lavrada, pela comissão eleitoral, uma ata com a ocorrência e convocada nova eleição no prazo de um ano (art. 510-C, § 6º).

O mandato dos eleitos será de um ano, proibida a reeleição, pelos dois períodos seguintes (art. 510-D e § 1º)

Importante destacar a garantia provisória de emprego do membro da comissão de empresa, nos moldes do cipeiro, até um ano após o término de seu mandato, salvo motivo disciplinar, técnico, econômico ou financeiro (art. 510-D, § 3º). Contemplando essa garantia, adotamos na lei interna o disposto na Convenção n. 135 da Organização Internacional do Trabalho (OIT), que o Brasil ratificou, ou seja, nosso país está alinhado com o que de mais recomendável existe, neste tema, no Direito Internacional do Trabalho.

Os documentos que se referem ao processo eleitoral, como atas, documentos de inscrição de candidatos, mapas de apuração, termo de posse, devem ser emitidos em duas vias, ficando sob guarda dos empregados e da empresa por cinco anos, disponíveis para consulta de qualquer trabalhador interessado, do Ministério Público do Trabalho e do Ministério do Trabalho (art. 510-D, § 4º). Entenda-se por *sob guarda dos empregados*, estar aos cuidados de um dos membros da própria comissão eleitoral ou dos representantes eleitos.

Em parte, guarda semelhança com as comissões de conciliação prévia, que referimos acima, mas não são paritárias. Por outro lado, destaque-se que suas decisões serão sempre por maioria simples (art. 510-B, § 1º) e atuará de forma independente, isto é, sem interferência patronal (art. 510-B, § 2º).

O empregado eleito não ficará, durante seu mandato, com seu contrato suspenso ou interrompido, como dispõe o § 2º do art. 510-D. O contrato subsiste regularmente, devendo o representante comparecer ao serviço e cumprir sua jornada e suas tarefas. Assim, para desempenhar seu mister, esse trabalhador deverá ter um tratamento preferencial na empresa, na medida em que poderá, eventualmente, afastar-se de seu trabalho para participar de reuniões da comissão, e, se isso ocorrer durante o expediente, esse tempo deve ser considerado como integrante de seu horário de trabalho, dando-lhe direito, se extrapolar os limites legais, à percepção do adicional de horas extraordinárias.

Como os sindicatos não têm participação nessas comissões é recomendável que seja feito aditivo ao contrato individual de trabalho para conferir direito ao representante de ausentar-se para participar da comissão.

4. Dano Extrapatrimonial

Desde sempre, a CLT brasileira contempla o direito que o trabalhador tem de considerar desfeito seu contrato de emprego se *praticar o empregador, ou seus prepostos, contra ele ou pessoas de sua família, ato lesivo da honra e boa fama* (art. 483, e). É o dano moral trabalhista, que está ali desde que a comissão de juristas da qual fez parte o saudoso Arnaldo Süssekind, em 1943, reuniu as leis esparsas sobre relações de trabalho em nosso país e as transformou na nossa respeitada Consolidação. E assim também ensinou o sempre lembrado Orlando Teixeira da Costa [3].

Da mesma forma, o empregador pode sofrer dano moral, embora as empresas raríssimamente costumem postular a indenização correspondente, em sede de reconvenção. O dano moral trabalhista patronal está na CLT no art. 482, *j* e *k*, que são duas faltas graves que podem ser praticadas pelo empregado atingindo o empregador.

Durante muito tempo, isso ficou esquecido no meio dos direitos e deveres consolidados. Um dia, alguém detectou que o trabalhador tinha (e tem) também esse direito. E, aí... Bom, aí transformou-se numa *Torre de Babel*, como escreveram Rodolfo Pamplona Filho & Luiz Andrade Júnior, para se referir a balbúrdia descontrolada dos danos morais trabalhistas que passaram a surgir por aí[4]. O dano moral acabou sendo confundido com dano *banal*. Parece que os empregadores, entretanto, não perceberam que também possuíam direito semelhante.

O *novo* dano extrapatrimonial é o *velho* dano moral trabalhista dos arts. 482, *j* e *k*, e 483, *e*, da CLT, que, agora, quer aparecer clara e diretamente, com regras definidas (para o bem ou para o mal). Na prática das faltas previstas nesses dois artigos da CLT, o empregado é dispensado por justa causa (art. 482) ou é caracterizada sua dispensa indireta, dando-lhe os direitos da dispensa injusta (art. 483). Estranhamente, não há nenhuma referência aos dois dispositivos consolidados na Lei n. 13.467/17, nem na Medida Provisória n. 808/17.

Para a fixação do valor da indenização devem ser levados em conta diversos fatores, dentre os quais, (1) o bom senso, (2) a razoabilidade, (3) a gravidade do dano, (4) sua extensão, (5) a reincidência do ofensor, (6) a posição profissional e social do ofendido, (7) a condição financeira do ofensor e do ofendido, e (8) a finalidade pedagógica da punição para evitar a reincidência da prática delituosa. Superou-se, doutrinária e jurisprudencialmente, a corrente

---

(3) V. COSTA, Orlando Teixeira da. Da ação trabalhista sobre dano moral. In: *Trabalho & Doutrina*, São Paulo, (10):66, set. 1996.

(4) PAMPLONA FILHO, Rodolfo; ANDRADE JÚNIOR, Luiz Carlos Vilas Boas. A torre de Babel das novas adjetivações do dano. In: *Revista LTr*, São Paulo, 78(5):562, maio 2014.

que defendeu, logo nos primeiros momentos de incidência de pedidos judiciais de indenização por dano moral, o cálculo do montante devido a esse título considerando o salário do trabalhador e o tempo do emprego[5].

O *caput* do art. 223-G da CLT, no entanto, criou doze critérios específicos que devem ser considerados pelo julgador para identificar o dano e seu alcance. São os que obrigatoriamente devem ser considerados, a saber:

I – a natureza do bem jurídico tutelado;

II – a intensidade do sofrimento ou da humilhação;

III – a possibilidade de superação física ou psicológica;

IV – os reflexos pessoais e sociais da ação ou da omissão;

V – a extensão e a duração dos efeitos da ofensa;

VI – as condições em que ocorreu a ofensa ou o prejuízo moral;

VII – o grau de dolo ou culpa;

VIII – a ocorrência de retratação espontânea;

IX – o esforço efetivo para minimizar a ofensa;

X – o perdão, tácito ou expresso;

XI – a situação social e econômica das partes envolvidas;

XII – o grau de publicidade da ofensa.

A rigor, esses elementos não são novidade alguma. A Justiça do Trabalho, desde sempre, tem pautado sua atuação considerando exatamente esses aspectos, e continuará a fazê-lo, como sói acontecer.

As mudanças introduzidas na CLT pela Lei n. 13.467/17 incluíram a criação do Título II-A no diploma celetista, denominado *Do dano extrapatrimonial*, inclusive o art. 223-G, cujo *caput* transcrevemos acima. As regras, no entanto, não indicam quais são os danos, deixando aos acontecimentos do dia a dia o surgimento de fatos que podem gerar danos e, por corolário, suas consequentes indenizações.

O art. 223-A determina:

Art. 223-A. Aplicam-se à reparação de danos de natureza extrapatrimonial decorrentes da relação de trabalho apenas os dispositivos deste Título.

A boa hermenêutica recomenda que esse dispositivo gravita em lamentável equívoco por limitar o papel do juiz de interprete da lei. A palavra *apenas* retira do julgador qualquer possibilidade de mesclar a interpretação da norma celetista com outras regras, inclusive as de Direito Civil, considerando a inexistência de lacuna na CLT, observando o comando

---

(5) Dentre os que defenderam essa forma de cálculo, devemos destacar decisão constante do Proc. TRT 8ª Região – 4ª T. – RO 3.795/96, in: *Revista do TRT da 8ª Região*, jul./dez.1996, p. 221, da nossa relatoria, consignando:... *O seu valor deve ser igual à maior remuneração mensal do trabalhador multiplicada pelo número de anos ou fração igual ou superior a seis meses de serviço.*

do art. 8º consolidado. Com efeito, resulta inadequado invocar outras normas legais para examinar dano extrapatrimonial na esfera trabalhista. Inadequado mas, *data vênia*, perfeitamente admissível, pena de subtrair do magistrado sua capacidade de interpretar a lei.

Em seguida, é o art. 223-B que informa o que se considera como gerador de um dano extrapatrimonial:

> Art. 223-B. Causa dano de natureza extrapatrimonial a ação ou omissão que ofenda a esfera moral ou existencial da pessoa física ou jurídica, as quais são as titulares exclusivas do direito à reparação.

Esse dano enseja uma reparação e decorrerá da relação de trabalho (art. 223-A), ou seja, em qualquer trabalho pode ocorrer o dano extrapatrimonial e o direito à eventual reparação. É, portanto, mais amplo que a relação de emprego. Estamos diante do que podemos chamar de dano moral *lato sensu*.

Aqui começam aspectos importantes dessas novas regras que, *data venia*, foram inseridas de forma demasiadamente açodada na CLT. Vejamos alguns deles.

O art. 223-B indica como passíveis de ofensas as pessoas física e jurídica. Devemos compreender, na primeira, a pessoa natural, denominação mais adequada, adotada no Código Civil em vigor (Parte Geral, Livro I, Título I). A pessoa jurídica pode sofrer dano moral, conforme está consagrado na Súmula n. 227 do STJ, da mesma forma como permite que se admita, por corolário, a possibilidade do dano moral coletivo, com escólio no art. 1º da Lei n. 7.347, de 24.7.1985 (Lei da Ação Civil Pública) e no art. 6º, n. VI, do Código de Defesa do Consumidor.

Embora aparentemente excluído, o dano estético também está abrangido como bem jurídico violável e, portanto, passível de indenização. Assim é porque o art. 223-C refere à imagem da pessoa física, e a imagem inclui, necessariamente, a aparência estética.

Aplica-se à relação de trabalho, e, com a alteração da base de cálculo constante do art. 223-G, § 1º, superou-se a dificuldade trazida pelo texto original desse dispositivo, pela mudança da Lei n. 13.467/17. Presentemente, devem ser considerados múltiplos do valor do limite de benefícios do RGPS. Essa forma de apuração do valor da indenização pelo dano presta-se tanto para a pessoa física, como para a pessoa jurídica, se for esta a credora da reparação.

Outro ponto a considerar é que o direito à reparação seria, segundo a lei, apenas da pessoa física ou jurídica ofendida, não se transferindo a seus herdeiros ou sucessores. O objetivo parece ser o de coibir o dano em ricochete. Eventuais dúvidas poderiam ser suscitadas. Mas, um dispositivo verdadeiramente perverso foi inserido pela Medida Provisória n. 808/17, que é o § 5º do art. 223-G:

> § 5º Os parâmetros estabelecidos no § 1º não se aplicam aos danos extrapatrimoniais decorrentes de morte.

Poderia, antes dele, ser argumentado que ao Direito do Trabalho são aplicáveis as regras do direito comum, conforme o comando do § 1º do art. 8º da CLT. Sendo o Código Civil fonte subsidiária, e havendo omissão na CLT nesse aspecto, porque a expressão *apenas* não permite que se analise de forma estanque o evento que, a rigor, não é tratado nesse título da CLT, verificamos que o art. 943 do Código Civil determina que *o direito de exigir reparação* e a obrigação de prestá-la transmitem-se com a herança. De acrescentar, para reforçar esse entendimento, o pensamento do TST, consagrado na Súmula n. 392, que entendemos ter sobrevivido à reforma nas suas primeiras 72 horas, e não subsistiu à Medida Provisória n. 808/17:

> Súmula n. 392 – **DANO MORAL E MATERIAL. RELAÇÃO DE TRABALHO. COMPETÊNCIA DA JUSTIÇA DO TRABALHO** – Nos termos do art. 114, inc. VI, da Constituição da República, a Justiça do Trabalho é competente para processar e julgar ações de indenização por dano moral e material, decorrentes da relação de trabalho, inclusive as oriundas de acidente de trabalho e doenças a ele equiparadas, <u>ainda que propostas pelos dependentes ou sucessores do trabalhador falecido</u>. (grifamos)

Tudo isso, porém, resulta debalde, porque o § 5º transcrito acima é de uma crueldade incrível, impossibilitando à família do trabalhador morto ter minimizada sua dor. Apenas danos materiais (despesas médico-hospitalares, *v. g.*) poderão os herdeiros do *de cujus* reivindicar em juízo.

Outro ponto a criticar: estranhamente, o sigilo de correspondência do trabalhador não foi incluído no rol dos bens tutelados, e que não pode ser violada. Nesse particular, é de observar que praticamente todas as constituições de 197 países dos cinco continentes contemplam a sua inviolabilidade, conforme pesquisa que realizamos, sendo necessário ressaltar que o uso do e-mail corporativo não está abrangido por essa reserva [6].

Em se tratando de pessoa física os bens juridicamente tutelados, com a alteração introduzida pela Medida Provisória n. 808/17, são etnia, idade, nacionalidade, honra, imagem, intimidade, liberdade de ação, autoestima, gênero, orientação sexual, saúde, lazer e integridade física (art. 223-C). Foi omitido um aspecto muito relevante do direito da personalidade: não se cuidou de privacidade que é diferente de intimidade [7].

Se o ofendido for pessoa jurídica, consideram-se tutelados imagem, marca, nome, segredo empresarial e sigilo da correspondência (art. 223-D), porém não estão incluídos os recursos tecnológicos relativos à informática.

Observe-se que o elenco de bens protegidos é taxativo. Andou mal o legislador, olvidando bens igualmente importantes e que não se pode, com a condição elencada, considerar como susceptíveis de ofensa: vida, liberdade, religião, segurança, privacidade, dentre tantos outros. Melhor teria caminhado se o rol elencado nos dois artigos fosse apenas exemplificativo, deixando ao bom critério do julgador a identificação do que pode ou não ser objeto de indenização.

Uma regra a mais foi introduzida na CLT. Refere-se à responsabilidade pelo dano extrapatrimonial. Na proporção da ação ou da omissão, todos os que tenham contribuído para a prática da ofensa ao bem jurídico tutelado são responsáveis civilmente, conforme o art. 223-E. Essa proporcionalidade, todavia, não pode, nem deve ser interpretada como

---

(6) FRANCO FILHO, Georgenor de Sousa. *Intimidade e privacidade do trabalhador*. Direito internacional e comparado. São Paulo: LTr, 2016. p. 30-32. Sobre o direito comparado, v. p. 44-138. Em praticamente todas essas constituições, e também de regiões que não têm o reconhecimento pleno da condição de Estado para o Direito Internacional, a inviolabilidade da correspondência das pessoas é garantida, salvo excepcionalmente ordem judicial.

(7) V., a respeito, o nosso *Intimidade e privacidade do trabalhador... op. cit.*, p. 21.

uma repartição de responsabilidades. Ou seja, se o superior hierárquico de um empregado o ofende, a responsabilidade do empregador não deve ser dividida com esse empregado ofensor mais graduado. Ao contrário, trata-se da aplicação de regra inserta no Código Civil, porque aqui se trata da responsabilidade civil por fato de terceiro. Diz o art. 932, n. III, do Código de 2002:

> Art. 932. São também responsáveis pela reparação civil:
>
> (...)
>
> III – o empregador ou comitente, por seus empregados, serviçais e prepostos, no exercício do trabalho que lhes competir, ou em razão dele.

O art. 483, "*e*", da CLT contempla a falta grave patronal da prática de atos contra a boa fama e a honra do trabalhador ou de seus familiares. Trata-se do dano moral que significa as ofensas aos direitos da personalidade do empregado ou de sua família, atingindo sua honra, intimidade, imagem, vida privada (art. 5º, V e X, da Constituição), lesionando seus interesses não patrimoniais. Nesse mesmo dispositivo está o assédio moral. E, ambos, assédio moral e dano moral trabalhista, com efeito, não são novidades no direito brasileiro. Ao contrário, existem na legislação obreira desde os primórdios da CLT. Devemos aduzir que, a partir da reforma introduzida pela Lei n. 13.467/17 na CLT, o dano moral deve ser considerado, em seu sentido amplo, como dano extrapatrimonial, *nomen juris* que a legislação adotou em nosso país.

5. Parametrização do Dano Extrapatrimonial

Devemos destacar dois pontos ainda no tratamento do dano extrapatrimonial: (1) a cumulação de pedidos; e (2) o tabelamento do valor de eventual condenação.

Quanto à cumulação de pedidos, destaca o art. 223-F da CLT que:

Art. 223-F – A reparação por danos extrapatrimoniais pode ser pedida cumulativamente com a indenização por danos materiais decorrentes do mesmo ato lesivo.

Este dispositivo está seguindo o entendimento da jurisprudência dominante, conforme consta da Súmula n. 37 do Superior Tribunal de Justiça (STJ), que contempla: *são cumuláveis as indenizações por dano material e dano moral oriundos do mesmo fato*, devendo ser também compreendida a possibilidade de cumulação de dano estético, à vista do que consta da Súmula n. 387 também do STJ:

Súmula n. 387 – É lícita a cumulação das indenizações de dano estético e dano moral.

Corroborando esse registro, o Código de Processo Civil (CPC) admite a possibilidade de cumulação, devendo, por força do art. 769, da CLT, ser aplicado às questões judiciais na Justiça do Trabalho, quando existir omissão, como é o caso, na norma própria. Assim, o art. 327 do CPC consigna:

Art. 327. É lícita a cumulação, em um único processo, contra o mesmo réu, de vários pedidos, ainda que entre eles não haja conexão.

Admitida cumulação, a CLT prevê que o juiz deverá, ao decidir, discriminar de forma a restar bastante claras as condições do que deve ser corrigido. Assim, deve indicar os valores das indenizações referentes aos danos patrimoniais (os materiais) e aqueles pertinentes aos de natureza extrapatrimonial (moral e estético).

Por fim, esclareceu o legislador que os lucros cessantes e os danos emergentes não estão incluídos nos eventuais valores atribuídos aos danos extrapatrimoniais. É assim que prevê o § 2º do art. 223-F:

§ 2º A composição das perdas e danos, assim compreendidos os lucros cessantes e os danos emergentes, não interfere na avaliação dos danos extrapatrimoniais.

O tratamento é altamente prejudicial ao ofendido, devendo, apesar da regra do art. 223-A da CLT, prevalecer o bom senso e o espírito de justiça que deve nortear minimamente as decisões do Poder Judiciário. Com efeito, entenda-se por perdas e danos aquilo que a parte deixou de ganhar (lucros cessantes) e o que perdeu (danos emergentes) e que devem ser, se for o caso, acrescidos ao *quantum* indenizatório, observando a regramento constante do art. 402 do Código Civil:

> Art. 402. Salvo as exceções expressamente previstas em lei, as perdas e danos devidas ao credor abrangem, além do que ele efetivamente perdeu, o que razoavelmente deixou de lucrar.

Prosseguindo, lembremos que, embora o dano moral trabalhista exista desde sempre na CLT, não existia, fixado em lei, um critério claro. Tentou fazê-lo a Lei n. 13.467/17, ao cuidar do dano extrapatrimonial. E não foi bem no que pretendeu. Criou um tabelamento, em estágios, como se o dano pudesse ter o mesmo resultado para todas as pessoas. Esqueceu de um critério para quem não tem *salário contratual*. Fixou limites, mas olvidou disposições constitucionais que preveem o direito à reparação integral do dano (art. 5º, ns. V e X, da Constituição).

A Medida Provisória n. 808/17 reverteu (ou tentou reverter) o equívoco do tabelamento a partir do salário contratual, mas não cuidou do direito à reparação integral do dano, pelo que persiste a possível inconstitucionalidade. A base de cálculo deverá observar o valor do limite máximo dos benefícios do Regime Geral da Previdência Social (RGPS), que, em 2017, é de R$-5.531,31. Os múltiplos desse valor servem para apurar o montante do dano a ser reparado e, havendo reincidência de quaisquer das partes, o juízo (referindo-se ao juiz) poderá dobrar o valor da indenização (§ 3º do art. 223-G da CLT), considerando-se reincidência a ocorrência de ofensa idêntica no prazo de até dois anos, a partir do trânsito em julgado da decisão condenatória (§ 4º do mesmo artigo).

Foi parametrizado o dano extrapatrimonial no Direito do Trabalho brasileiro, considerando o disposto no § 1º do art. 223-G consolidado, que leva sempre em conta múltiplos do valor do limite máximo dos benefícios do RGPS. Lembremos um aspecto fundamental: a parametrização do mencionado § 1º não será aplicada a danos extrapatrimoniais decorrentes de morte (falecimento de trabalhador ou de empregador individual) (§ 5º do art. 223-G), não se tratando, hipótese alguma, de extinção de pessoa jurídica.

Os limites da indenização a cada ofendido dependerão da natureza da ofensa: leve (até três vezes o valor do limite máximo dos benefícios do RGPS), média (até cinco vezes), grave (até vinte vezes) e gravíssimo (até cinquenta vezes). O mesmo critério é aplicado para a indenização ao empregador, considerando o salário contratual do empregado ofensor (§ 2º do art. 223-G). Havendo reincidência, os valores poderão ser dobrados, segundo entender o julgador (§ 3º do mesmo artigo).

Será isso uma boa medida? Parametrizar o dano moral, escalando-o em quatro níveis, sem maiores considerações, é uma providência extremamente relativa. Devemos considerar dano leve o que? O *caput* do art. 223-G enumera uma duzia de situações a considerar para quantificar o dano. Não basta essa relação exemplificativa. Afinal, as ofensas, as mágoas, os danos devem ser qualificados, não devem ser tabelados, nem para o lado do empregado, nem para o lado do patrão. É a singela diferença entre qualificar e quantificar.

Vivemos o tempo todo ouvindo o mesmo e repetido discurso: *cada caso é um caso*. E é verdade. Não existem casos rigorosamente iguais. Existem semelhanças. Enfim, as peculiaridades dos seres humanos, os traços característicos de cada um, os pensamentos da pessoa são necessariamente coisas específicas, próprias e individualizadas.

O tabelamento da indenização do dano, como se fosse o de um produto que se compra em qualquer estabelecimento comercial, está se assemelhando a um lamentável e criticável absurdo.

Esperemos que esses dispositivos sejam revistos e ajustados à realidade. Deixe o legislador à discricionariedade de cada julgador, ao exame dos autos, onde estão os fatos e as provas, a tarefa, que não é fácil, de fixar o valor.

Considerando cada ser humano, o dano leve de um poderá significar o dano gravíssimo de outro, e vice-versa. Não faz mal pensar nisso.

6. Desabilitação Profissional

O art. 482 da CLT enumera as hipóteses de terminação do contrato individual de trabalho por falta grave praticada pelo empregado. São as *justas causas* para a despedida por iniciativa patronal. Originalmente, eram doze práticas que levavam o patrão a mandar o empregado embora, sem lhe pagar aviso-prévio e as proporcionais de férias e 13º salário, nem liberar seu FGTS.

As faltas graves são, resumidamente, a improbidade (a pior de todas), a desídia, o abandono de emprego, os atos de indisciplina ou insubordinação, a incontinência de conduta ou mau procedimento, a prática de jogos de azar, a condenação criminal do empregado, a negociação habitual, a embriaguez habitual ou em serviço, o ato lesivo da honra ou da boa fama ou ofensas físicas ao empregador, a superior hierárquico ou a terceiro e a violação de segredo da empresa.

A partir de novembro, passou a existir uma nova falta grave: a dispensa decorrente de perda de habilitação profissional.

Dentre as novidades que a reforma introduzida pela Lei n. 13.647/17 trouxe à CLT, uma delas foi a criação dessa nova falta grave. É a da alínea *"m"* do art. 482, dispondo:

> m) perda da habilitação ou dos requisitos estabelecidos em lei para o exercício da profissão, em decorrência de conduta dolosa do empregado.

O dispositivo apresenta-se com uma redação aparentemente conflitante: o empregado pode ser dispensado por justa causa por que agiu com dolo no exercício de sua profissão, e, dessa forma, estará inabilitado para continuar a exercê-la, na empresa, por decisão patronal? Ou, o empregado pode ser dispensado por justa causa porque, em decorrência de ter agido dolosamente no exercício de seu mister, perdeu a habilitação para continuar a exercê-lo por deliberação do seu órgão profissional (advogados, a OAB; médicos, o CRM; engenheiros, o CREA etc.)?

Parece impossível admitir a primeira possibilidade. O empregador, por si só, não tem competência legal para considerar um determinado profissional inabilitado para o exercício de sua profissão por ter agido dolosamente no seu desempenho. Pode, sim, dispensá-lo motivadamente, em vista de o trabalhador haver perdido seu registro, por decisão de órgão de classe, que lhe conferia habilitação para o exercício profissional.

Assim, *v. g.*, cancelado o seu registro de médico no Conselho Regional de Medicina por prática de uma conduta dolosa no sua missão, o empregado, médico de um hospital, poderá ser despedido por justa causa, sendo incluído dentre os praticantes da falta grave da alínea *"m"* do art. 482 em comento.

O tema deverá suscitar muitas controvérsias, mesmo porque da decisão administrativa de um conselho profissional cabe recurso ao Poder Judiciário (art. 5º, XXXV, da Constituição), que é o direito de acesso à Justiça.

Ora, sendo cancelado seu registro profissional por uma conduta dolosa e recorrendo ao Judiciário, este empregado não terá uma decisão final terminativa, determinando sua exclusão do quadro de profissionais correspondente e a consequente perda de sua habilitação profissional, salvo quando transitar em julgado a decisão judicial.

Até lá é crível que a falta grave do art. 482, "*m*", da CLT não pode ser aplicada, tendo em conta a possibilidade de, em sede judiciária, ser reformada a decisão administrativa e, se mantida no primeiro grau de jurisdição, poderá ser modificada nas instâncias superiores.

Com efeito, é recomendável que, identificada essa prática faltosa, o rompimento motivado da relação de emprego somente ocorra após expiradas todas as possibilidades recursais para o trabalhador que será apenado.

7. Empregado Hipersuficiente

Antes tínhamos a figura do *hipossuficiente*, significando o trabalhador comum, aquele operário que sobrevive de seu salário, levando uma vida de sacrifícios e privações, carente de melhores recursos, ou a pessoa que não possui condições financeiras para uma sobrevivência digna. Agora, agregamos um novo tipo, o *hipersuficiente*, que deveria ser entendido como o trabalhador de alta importância para a empresa, recebendo salário elevadíssimo, merecedor de tratamento diferenciado, ocupando um estamento superior. Apenas, não é bem assim.

É que um *novo* tipo de empregado foi reconhecido pela CLT. Formalmente sempre existiu o *alto empregado* ou *alto executivo*. A partir de novembro de 2017, quando começaram a vigorar as regras introduzidas na legislação trabalhista pela Lei n. 13.467/17, foi reconhecido formalmente o *empregado hipersuficiente*.

Thereza Nahas identifica que, com essa reforma, passamos a ter três categorias de trabalhadores no Brasil: o desqualificado, regido pelas tradicionais regras celetistas; o qualificado, que possui nível superior e recebe salário mais elevado; e o autônomo, geralmente regulado pelas disposições do Código Civil [8]. Pondere-se que ao chamar de *desqualificado* para o trabalhador tradicional não existe o mínimo sentido de discriminação, mas apenas de considerá-lo como comum, sem qualquer espécie de privilégio ou de vítima ou de destituído de qualquer representatividade humana. Não existe, então, qualquer intenção ou pretensão discriminatória.

É nessa categoria *intermediária*, o *qualificado*, que encontramos o empregado hipersuficiente, com quatro características básicas: 1) deve ser possuidor de curso de nível superior; 2) deve perceber salário mensal igual ou superior a duas vezes o teto de benefícios previdenciários, que, em 2017, é de R$-11.062,62; 3) necessita celebrar um acordo individual de trabalho específico, dispondo sobre sua condição; 4) aceita estipular, com o empregador, as condições em que se aplicam ao seu contrato as hipóteses do art. 611-A da CLT.

Assim, vejamos o art. 444 e, sobretudo, seu parágrafo único:

> Art. 444 – As relações contratuais de trabalho podem ser objeto de livre estipulação das partes interessadas em tudo quanto não contravenha às disposições de proteção ao trabalho, aos contratos coletivos que lhes sejam aplicáveis e às decisões das autoridades competentes.
>
> Parágrafo único. A livre estipulação a que se refere o *caput* deste artigo aplica-se às hipóteses previstas no art. 611-A desta Consolidação, com a mesma eficácia legal e preponderância sobre

---

[8] NAHAS, Thereza Christina. *Novo Direito do Trabalho. Institutos fundamentais*. Impactos da reforma trabalhista. São Paulo: RT, 2017. p.142-143.

os instrumentos coletivos, no caso de empregado portador de diploma de nível superior e que perceba salário mensal igual ou superior a duas vezes o limite máximo dos benefícios do Regime Geral de Previdência Social.

Com efeito, a partir dessas considerações, podemos definir o empregado hipersuficiente como sendo aquele trabalhador subordinado, com formação superior, que, percebendo salário igual ou superior ao dobro do limite máximo de benefícios do RGPS, celebra acordo individual dispondo sobre as suas relações de trabalho, com a mesma eficácia legal e superior a qualquer norma coletiva, inclusive abrangendo as hipóteses negociais referidas no art. 611-A da CLT.

Esse sistema de classificação de empregado tendo como parâmetro o seu salário não parece ser das mais indicadas. Alguns pontos passamos a demonstrar para apontar a insegurança dos critérios adotados.

O primeiro é justamente o salário. Considerar hipersuficiente quem ganha salário igual ou superior a R$-11.062,62 é, no mínimo, desconsiderar o salário médio de executivo de importância também mediana no Brasil, responsável por determinado setor especializado de uma empresa, que varia entre R$-20.000,00 e R$-25.000,00 [9], e não são os diretores empregados.

Note-se que os critérios que devem prevalecer são subordinação jurídica e dependência econômica e jamais a remuneração deve justificar condição de superioridade. Essa inclusive é a interpretação que se retira da Convenção n. 111 de 1958, da OIT, sobre discriminação em matéria de emprego e profissão [10].

Demais disso, este entendimento continuará a prevalecer se aplicarmos, analogicamente, o art. 4º, I, do Código de Defesa do Consumidor, quando é reconhecida a vulnerabilidade do consumidor no mercado de consumo.

O segundo ponto é a prevalência do acordo individual sobre os instrumentos oriundos da negociação coletiva, como prevê o parágrafo único do art. 444 da CLT. Admitindo-se essa preferência, aparentemente estará havendo ofensa ao art. 7º, XXXVI, da Constituição, que reconhece a superioridade das normas negociadas.

Na mesma linha, porque pode ser disposição de acordo individual, a inserção de cláusula compromissória, permitindo que eventuais conflitos interpessoais sejam resolvidos mediante arbitragem (art. 507-A da CLT). Esse mecanismo é, a nosso ver, de grande valia, embora o TST entenda que não cabe em questões individuais, mas apenas em demandas coletivas.

Ainda neste aspecto, parece que pode ser alegado vício de consentimento na inserção da cláusula compromissória no contrato de trabalho, tornando a solução arbitral como a ideal para conflitos futuros. O art. 507-A apresenta a seguinte redação:

> Art. 507-A. Nos contratos individuais de trabalho cuja remuneração seja superior a duas vezes o limite máximo estabelecido para os benefícios do Regime Geral de Previdência Social, poderá

---

(9) Cf. <https://exame.abril.com.br/carreira/os-profissionais-com-maiores-salarios-no-brasil-em-2016/#>. Acesso em: 28 out. 2017

(10) A Convenção n. 111 da OIT foi ratificada pelo Brasil, e promulgada por meio do Decreto n. 62.150, de 19.1.1968.

ser pactuada cláusula compromissória de arbitragem, desde que por iniciativa do empregado ou mediante a sua concordância expressa, nos termos previstos na Lei n. 9.307, de 23 de setembro de 1996.

Desse dispositivo, temos que, para haver possibilidade de recurso à arbitragem, a cláusula pode ser inserida a qualquer momento, ou seja, mesmo para os contratados antes de 11 de novembro de 2017, é perfeitamente válido ser celebrado termo aditivo ao contrato individual incluindo essa cláusula. E como pode ocorrer isso? A qualquer tempo, seja por livre manifestação de vontade do empregado (presume-se a aceitação patronal) ou com a sua anuência expressa (por solicitação do empregador), que se verificará pela simples assinatura no contrato ou no aditivo (se posterior ao contrato).

Ao que parece se ficar demonstrada coação ou fraude para a existência desta cláusula no contrato individual de trabalho, poderá ser declarada judicialmente sua nulidade, passando o empregado a ser regido pelas normas comuns a todos os demais.

A remuneração do empregado hipersuficiente é a que for ajustada com o empregador. Necessariamente deve ser bastante superior a dos demais empregados, e sempre igual ou maior que o dobro do valor dos benefícios do RGPS.

Os reajustes do salário do empregado hipersuficiente devem ser feitos de acordo com o ajuste individual feito com o empregador, porém deve ser observado que é conveniente inserção de regra de reajuste salarial automático, sempre que os valores dos benefícios previdenciários forem modificados. Assim deve ser porque, caso o salário do hipersuficiente, em decorrência do aumento do benefício da Previdência Social, fique aquém desse valor, o trabalhador passará automaticamente a ser regido pelas regras comuns a todos os demais.

Algumas verbas são de natureza não remuneratória, e não farão parte de sua remuneração, nem irão se incorporar ao pacto laboral, nem servirão de base de incidência de qualquer encargo trabalhista e previdenciário, conforme o § 2º do art. 457 da CLT, exceto encargos fiscais, que permanecem.

As importâncias pagas a título de ajuda de custo (limitada a 50% da remuneração mensal do empregado), auxílio-alimentação, diárias para viagem e prêmios são essas parcelas, sendo de recordar que os prêmios, conforme o § 4º do art. 457 consolidado, são *as liberalidades concedidas pelo empregador em forma de bens, serviços ou valor em dinheiro a empregado ou a grupo de empregados, em razão de desempenho superior ao ordinariamente esperado no exercício de suas atividades.* A única forma desses prêmios poderem integrar a remuneração do trabalhador é se for expresso no contrato de trabalho.

Com as mudanças na legislação obreira, alguns direitos referentes ao empregado hipersuficiente, que estava trabalhando formalmente desde antes da reforma, não foram atingidos e não podem ser modificados, pena de se caracterizar alteração indevida no contrato de trabalho.

O que queremos frisar é que essas alterações são aplicáveis apenas para os que vierem a ser contratados a partir da entrada em vigor das novas regras. Ou seja, quem está no exercício de atividade assim, se mudar, haverá alteração prejudicial ao trabalhador. Como corolário, cláusula dessa espécie poderá ser declarada judicialmente nula.

Com o permissivo para negociar diretamente com o empregador os direitos listados no art. 611-A da CLT, a impressão imediata é de que a vida do empregado hipersuficiente será apenas de sacrifícios. Pensamos diferente. Muita coisa pode ser negociada entre patrão e empregado, mas é expressamente proibido, *v. g.,* negociar a garantia constitucional da limitação da jornada de trabalho, que não poderá ser superior a 44 horas/semanais e oito horas/diárias.

8. Equiparação Salarial

A previsão legal para a equiparação salarial encontra-se no art. 461 da CLT, com a redação dada pela Lei n. 13.467/2017, nos seguintes termos:

> Art. 461. Sendo idêntica a função, a todo trabalho de igual valor, prestado ao mesmo empregador, no mesmo estabelecimento empresarial, corresponderá igual salário, sem distinção de sexo, etnia, nacionalidade ou idade.
>
> § 1º Trabalho de igual valor, para os fins deste Capítulo, será o que for feito com igual produtividade e com a mesma perfeição técnica, entre pessoas cuja diferença de tempo de serviço para o mesmo empregador não seja superior a quatro anos e a diferença de tempo na função não seja superior a dois anos.
>
> § 2º Os dispositivos deste artigo não prevalecerão quando o empregador tiver pessoal organizado em quadro de carreira ou adotar, por meio de norma interna da empresa ou de negociação coletiva, plano de cargos e salários, dispensada qualquer forma de homologação ou registro em órgão público.
>
> § 3º No caso do § 2º deste artigo, as promoções poderão ser feitas por merecimento e por antiguidade, ou por apenas um destes critérios, dentro de cada categoria profissional.
>
> § 4º O trabalhador readaptado em nova função por motivo de deficiência física ou mental atestada pelo órgão competente da Previdência Social não servirá de paradigma para fins de equiparação salarial.
>
> § 5º A equiparação salarial só será possível entre empregados contemporâneos no cargo ou na função, ficando vedada a indicação de paradigmas remotos, ainda que o paradigma contemporâneo tenha obtido a vantagem em ação judicial própria.
>
> § 6º No caso de comprovada discriminação por motivo de sexo ou etnia, o juízo determinará, além do pagamento das diferenças salariais devidas, multa, em favor do empregado discriminado, no valor de 50% (cinquenta por cento) do limite máximo dos benefícios do Regime Geral de Previdência Social.

Deve ser observado ponto bastante relevante quando se cogita de isonomia salarial. É o comando que emerge do item VI da Súmula n. 6 do TST, tratando de tema relativo à equiparação com paradigma que obteve melhoria em decorrência de decisão judicial:

> Súmula n. 6 – VI – Presentes os pressupostos do art. 461 da CLT, é irrelevante a circunstância de que o desnível salarial tenha origem em decisão judicial que beneficiou o paradigma, exceto: a) se decorrente de vantagem pessoal, de tese jurídica superada pela jurisprudência de Corte Superior; b) na hipótese de equiparação salarial em cadeia, suscitada em defesa, se o empregador produzir prova do alegado fato modificativo, impeditivo ou extintivo do direito à equiparação salarial em relação ao paradigma remoto, considerada irrelevante, para esse efeito, a existência de diferença de tempo de serviço na função superior a dois anos entre o reclamante e os empregados paradigmas componentes da cadeia equiparatória, à exceção do paradigma imediato.

A partir do art. 461 transcrito acima, é possível retirar os elementos que dão origem à equiparação salarial, que são seis, como demonstramos a seguir.

O primeiro é a *identidade de funções* que ocorre com relação às atividades desenvolvidas. Não se confunda cargo, que é gênero, com função, que é espécie. Não é o exercício de determinado cargo que confere possibilidade de equiparação, mas a identidade de atividades desenvolvidas. Nenhuma relevância possui a denominação dada pelo empregador à função ocupada por seu empregado. Nem mesmo a semelhança de denominações justifica uma pretendida equiparação. O que importa é a identidade de atividades exercidas pelo equiparando e pelo paradigma indicado. Em síntese, ambos devem fazer exatamente as mesmas tarefas. É exatamente nesse sentido o item III da Súmula n. 6 do TST:

> Súmula n. 6 – III – A equiparação salarial só é possível se o empregado e o paradigma exercerem a mesma função, desempenhando as mesmas tarefas, não importando se os cargos têm, ou não, a mesma denominação.

Para impedir a equiparação, cabe ao empregador provar os fatos que inviabilizam a pretensão do obreiro, conforme a mesma Súmula n. 6, VIII:

> Súmula n. 6 – VIII – É do empregador o ônus da prova do fato impeditivo, modificativo ou extintivo da equiparação salarial.

De notar, ademais, com relação aos servidores públicos, que é defesa a aplicação da regra do art. 461 da CLT, em decorrência do que dispõe o art. 37, XIII, da Constituição:

> Art. 37 – (...)
>
> (...)
>
> XIII – é vedada a vinculação ou equiparação de quaisquer espécies remuneratórias para o efeito de remuneração de pessoal do serviço público.

Em consonância com o preceito constitucional, o TST adotou a OJ n. 297 da SBDI-1, nos seguintes termos:

> OJ n. 297 – EQUIPARAÇÃO SALARIAL. SERVIDOR PÚBLICO DA ADMINISTRAÇÃO DIRETA, AUTÁRQUICA E FUNDACIONAL. ART. 37, XIII, DA CF/1988 – O art. 37, inciso XIII, da CF/1988, veda a equiparação de qualquer natureza para o efeito de remuneração do pessoal do serviço público, sendo juridicamente impossível a aplicação da norma infraconstitucional prevista no art. 461 da CLT quando se pleiteia equiparação salarial entre servidores públicos, independentemente de terem sido contratados pela CLT.

Com relação aos empregados de empresas públicas e sociedades de economia mista, no entanto, é possível a equiparação. Ambos encontram-se albergados pelo art. 173, § 1º, II, da Constituição:

> Art. 173 – (...)
>
> § 1º A lei estabelecerá o estatuto jurídico da empresa pública, da sociedade de economia mista e de suas subsidiárias que explorem atividade econômica de produção ou comercialização de bens ou de prestação de serviços, dispondo sobre:
>
> (...)
>
> II – a sujeição ao regime jurídico próprio das empresas privadas, inclusive quanto aos direitos e obrigações civis, comerciais, trabalhistas e tributários.

Especificamente quanto aos que trabalham em sociedades de economia mista, o TST adotou a OJ n. 353 da SBDI-1, assim redigida:

> OJ N. 353 – EQUIPARAÇÃO SALARIAL. SOCIEDADE DE ECONOMIA MISTA. ART. 37, XIII, DA CF/1988. POSSIBILIDADE – À sociedade de economia mista não se aplica a vedação à equiparação prevista no art. 37, XIII, da CF/1988, pois, ao contratar empregados sob o regime da CLT, equipara-se a empregador privado, conforme disposto no art. 173, § 1º, II, da CF/1988.

Registre-se, também, ser irrelevante a coincidência ou não de horários de trabalho porquanto, como assinalado acima, o que importa é a identidade das funções desenvolvidas.

O segundo requisito da equiparação salarial é o *trabalho de igual valor*, que não deve ser interpretado considerando o valor pecuniário. Possui dupla significação. A primeira refere a *igual produtividade*, ou seja, deve haver identidade quantitativa entre os trabalhos do equiparando e do paradigma. A segunda importa em *perfeição técnica* similar, isto é, identidade qualitativa do trabalho desenvolvido por ambos, o que se aplica também ao trabalho intelectual, conforme a Súmula n. 6, VII:

> Súmula n. 6 – VII – Desde que atendidos os requisitos do art. 461 da CLT, é possível a equiparação salarial de trabalho intelectual, que pode ser avaliado por sua perfeição técnica, cuja aferição terá critérios objetivos.

Com efeito, se o equiparando produz, no mesmo espaço temporal, igual quantidade de elementos, com a correção com que atua, em circunstâncias idênticas, o paradigma, é perfeitamente pertinente a equiparação pretendida.

O terceiro requisito da equiparação salarial é o **tempo de serviço**. As alterações promovidas em 2017 na CLT modificaram, significativamente, o entendimento de *tempo de serviço* para fins de equiparação salarial. Anteriormente, esse requisito significava que entre empregado e paradigma o tempo de serviço não poderia ser superior a dois anos na atividade cuja igualdade estava sendo pretendida, ou seja, o que importava não era o tempo de casa, de trabalho. A contagem desses dois anos era feita apenas pelo exercício da função e não pelo tempo de trabalho na empresa. Assim era Súmula n. 6, II do TST:

> Súmula n. 6 – II – Para efeito de equiparação de salários em caso de trabalho igual, conta-se o tempo de serviço na função e não no emprego.

Na mesma linha, a Súmula n. 202 do STF:

> Súmula n. 202 – Na equiparação de salário, em caso de trabalho igual, toma-se em conta o tempo de serviço na função, e não no emprego.

Agora não é apenas o tempo na função, mas também o tempo no emprego. Com efeito, existem dois elementos temporais que não podem ser examinados separadamente, mas de forma cumulativa. A diferença temporal entre paradigma e equiparando não pode ser maior de quatro anos na empresa, nem menor de dois anos na função. Assim, passaram a ter dois elementos, e não apenas um, para preencher esse requisito e ampliou-se o tempo de permanência do emprego.

Quanto ao terceiro requisito, é necessário que o equiparando e o paradigma indicado prestem serviços para o mesmo empregador ou, em caso de grupo econômico, para empregadores que exercem idêntica atividade econômica. A regra também se aplicaria em caso de cessão, conforme a Súmula n. 6, V, porém, como veremos em seguida, novos óbices foram introduzidos a equiparação, inclusive o trabalho no mesmo estabelecimento. Acreditamos que isso inviabiliza a pretensão sumular que dispõe:

> Súmula n. 6 – V – A cessão de empregados não exclui a equiparação salarial, embora exercida a função em órgão governamental estranho à cedente, se esta responde pelos salários do paradigma e do reclamante.

Tratar do requisito seguinte é enfrentar novidade da reforma. A regra anterior previa que a equiparação dar-se-ia considerando a mesma localidade de trabalho. Entenda-se por localidade não apenas o mesmo município, mas também a sua área metropolitana, ainda que o serviço seja desenvolvido em diferentes estabelecimentos do mesmo empregador. A Súmula n. 6, X, dispõe:

> Súmula n. 6 – X – O conceito de "mesma localidade" de que trata o art. 461 da CLT refere-se, em princípio, ao mesmo município, ou a municípios distintos que, comprovadamente, pertençam à mesma região metropolitana.

Atualmente, não se cuida mais de mesma localidade, mas de mesmo estabelecimento. Trata-se de uma condição completamente diversa da anterior. Em outros termos, embora trabalhe para determinada empresa, que possui diversos estabelecimentos, o equiparando não pode postular isonomia indicando como paradigma um seu colega que exerça as mesmas atividades suas, porém em estabelecimento diverso do seu, ainda que isso ocorra no mesmo município ou na mesma área metropolitana. O paradigma deve, necessariamente, trabalhar no mesmo local (estabelecimento) do equiparando. É assim que se encontra registrado no *caput* do art. 461 da CLT.

O requisito seguinte é o da contemporaneidade da prestação de serviços. No direito anterior, propugnava-se pela existência de simultaneidade da prestação de serviços entre equiparando e seu paradigma, mesmo que em tempo pretérito. Não se confundia simultaneidade com sucessividade, que não é a hipótese desse antigo requisito. Acerca da simultaneidade, a Súmula n. 6, IV, consagra:

> Súmula n. 6 – IV – É desnecessário que, ao tempo da reclamação sobre equiparação salarial, reclamante e paradigma estejam a serviço do estabelecimento, desde que o pedido se relacione com situação pretérita.

O § 5º do art. 467 inova, ao prescrever que somente pode haver equiparação salarial entre empregados *contemporâneos no cargo ou na função*, sem possibilidade de indicar *paradigma remoto, ainda que o paradigma contemporâneo tenha obtido a vantagem em ação judicial própria.*

O texto, aparentemente confuso, permite deduzir o seguinte: 1) o paradigma deve ser empregado aquando da pretensão de isonomia, ou seja, não se pode indicar como paradigma aquele que não é mais empregado; 2) não se permite indicar paradigma remoto, isto é, veda-se a equiparação em cadeia. Importa, então, que o paradigma deve exercer a mesma atividade do equiparando por si, e não porque haver obtido essa condição mais favorável mediante postulação de equiparação, obtida em ação judicial.

Finalmente, a CLT, a partir da reforma de 2017, inovou no sentido de punir o empregador que nega a isonomia a seus empregados, punindo-o com multa de 50% do limite máximo dos benefícios do RGPS (art. 461, § 6º).

Para que ocorra a aplicação dessa penalidade, deve ser demonstrado ter havido prática de ato discriminatória patronal por motivo de sexo ou de etnia. Acreditamos que o legislador poderia ter sido bem mais amplo no elenco de possibilidades de discriminação, observando o *caput* do mesmo art. 461, e incluindo nacionalidade e idade dentre as possíveis motivações discriminatórias.

Ademais, como se trata de uma punição, entendemos que não importa em possibilitar ao empregado ofendido uma indenização por dano extrapatrimonial. O fato gerador dessa indenização é o mesmo da multa, e, pensamos, estaremos em um verdadeiro *bis in idem*.

9. Férias

Em matéria de férias, a reforma da Lei n. 13.467/17 merece ser examinada pelo menos em três aspectos: 1) os critérios de concessão; 2) a situação do trabalho intermitente; e, 3) a negociação coletiva.

No primeiro aspecto, a reforma de 2017 alterou o **critério de concessão de férias**. Anteriormente, a regra era a concessão, em um só período, correspondente aos doze meses subsequentes ao aquisitivo (art. 134 da CLT), podendo ser fracionada em dois períodos, um dos quais nunca inferior a 10 dias corridos (§ 1º).

A mudança inicial foi exatamente nessa forma de fracionamento. De dois períodos, agora são permitidos três períodos, um deles não inferior a quatorze dias corridos, e os demais nunca inferiores a cinco dias corridos cada qual (novo § 1º). Essa regra, a nosso ver, viola a Convenção n. 132 da OIT, ratificada pelo Brasil, segundo a qual as férias devem decorrer de acordo entre as partes (empregado e empregador) de no mínimo duas semanas (quatorze dias), donde a parte final do § 1º contraria o art. 8, 2, da norma internacional. Está caracterizado o conflito de leis. Então, considerando o princípio da supralegalidade que o STF tem adotado, é crível que esse dispositivo tenha sua aplicação afastada pela Suprema Corte. Não sendo assim, poderá ser aplicado o critério da especialidade (*lex specialis derogat generalis*), ou seja, ou se aplica a Convenção n. 132 (lei específica) ou a CLT (lei geral).

Outra alteração é que a concessão não dependerá mais de ato do empregador. Essa regra não existe no novo *caput* do art. 134. Deduz então, que dependerá de concordância das partes, ou seja, mediante ajuste prévio entre empregador e obreiro, o que é uma medida salutar, porque, como está expresso, é necessária a concordância do empregado.

Altamente criticável na nova legislação é a revogação do § 2º do art. 134 consolidado que vedava o fracionamento das férias para os menores de dezoito anos e os maiores de cinquenta anos. Agora, trabalhadores com essas idades poderão fracionar suas férias, o que, de qualquer sorte, não é benéfico, considerando o principal objetivo das férias que é a recuperação do bem estar do obreiro.

Em seguida, deve ser destacada, e não para criticar, que é proibido fixar o início de férias em período de dois dias antes de feriado ou dia de repouso semanal remunerado (§ 3º do art. 134), nada obstando puder ser concedido no dia subsequente a um desses eventos.

Quanto ao segundo aspecto, **o trabalho intermitente**, temos que, por definição legal, se trata do contrato de trabalho no qual a prestação de serviços, com subordinação, não é contínua, ocorrendo com alternância de períodos de prestação de serviços e de inatividade, determinados em horas, dias ou meses, independentemente do tipo de atividade do empregado e do empregador, exceto para os aeronautas, regidos por legislação própria (§ 3º do art. 443 da CLT).

Dispõe § 6º do art. 452-A quando se processará o pagamento da remuneração do trabalhador. No texto primitivo, aquele da Lei n. 13.467/17, seria quando finalizado cada período de prestação de serviço intermitente. Na redação dada pela Medida Provisória n. 808, de 14 de novembro de 2017, será na data acordada para o pagamento, observada a regra do § 11, de que se a convocação do empregado for por período superior a um mês, as parcelas não podem estipular período superior, contando-se a partir do primeiro dia de trabalho do período.

A redação do dispositivo é péssima, mas deve ser entendido que, se o trabalho for por mais de um mês, ao final de cada mês devem ser pagas remuneração, repouso remunerado e adicionais legais. As demais parcelas (férias proporcionais com acréscimo de 1/3 e 13º salário) devem ser pagas ao final desse período de convocação. Em outras palavras, o valor correspondente às férias proporcionais o empregado receberá, mas não as gozará. Além disso, deverá existir recibo de pagamento contendo discriminadamente os valores de cada parcela paga (§ 7º).

O art. 452-H contempla regra específica quanto ao FGTS, nos seguintes termos:

> Art. 452-H. No contrato de trabalho intermitente, o empregador efetuará o recolhimento das contribuições previdenciárias próprias e do empregado e o depósito do FGTS com base nos valores pagos no período mensal e fornecerá ao empregado comprovante do cumprimento dessas obrigações, observado o disposto no art. 911-A.

O § 9º do art. 452-A prevê que:

> § 9º A cada doze meses, o empregado adquire direito a usufruir, nos doze meses subsequentes, um mês de férias, período no qual não poderá ser convocado para prestar serviços pelo mesmo empregador.

Estaria havendo um conflito entre este dispositivo (§ 9º) e as férias proporcionais referidas no § 6º, inciso II, anterior? Entendemos que não. O empregado contratado de forma intermitente tem, por lei, direito a receber o valor das férias proporcionais do período de convocação, e, quando inativo, nada receberá, nem gozará as férias como deve ser. A cada ano que esse tipo de contrato complete, terá direito a um mês regular de férias, com direito à sua remuneração integral, quando não poderá ser convocado por esse empregador para nenhum serviço, mas poderá, evidentemente, trabalhar para outros. Essa, parece, é a única compensação desse tipo de contrato de trabalho. Ademais, deve ser aduzido que, de acordo com o § 10, em reforço ao que pensamos, as férias do empregado contratado nesse sistema pode ser usufruída em até três períodos, conforme o art. 134, da CLT, mediante prévio acordo com o empregador.

Em resumo, o trabalhador intermitente tem direito a duas espécies de férias: as proporcionais, correspondendo aos períodos em que efetivamente trabalhar, que apenas receberá *in pecunia*; e a integral após cada período aquisitivo de doze meses, quando, além de receber *in pecunia*, também terá direito aos dias de ociosidade.

Ainda quanto às férias, deve ser dada a devida atenção aos incisos XI e XII do art. 611-B. Consoante o *caput* deste artigo, é ilícito **negociar coletivamente** a supressão ou a redução do número de dias de férias devidas ao empregado e o gozo de férias anuais remuneradas com, pelo menos, um terço a mais do que o salário normal. É assim que estão redigidos os incisos XI e XII desse art. 611-B.

No entanto, o *caput* não está considerando absolutamente ilícito suprimir ou reduzir esses e outros direitos que enumera. O que o artigo diz é que suprimir ou reduzir é ilícito se, *exclusivamente*, ocorrer apenas a supressão ou redução desses direitos. Ou seja, se houver uma contrapartida, a concessão de qualquer benefício compensatório, o reconhecimento de alguma vantagem em troca da redução ou da supressão de um desses direitos, a medida não será mais ilícita, e, por corolário, não será proibida.

Eis um aspecto que deverá ser muito refletido por todos, patrões, empregados, magistrados, advogados, operadores do direito em geral, e, sobretudo os que estudam Direito do Trabalho. Qual é o significado real da expressão *exclusivamente*, que está no *caput* do art. 611-B da CLT? Tratamos deste tema mais adiante.

10. Gestante, Lactante e Insalubridade

Um dos temas mais preocupantes da humanidade é o seu próprio futuro. Dentre as cautelas a tomar, todos devemos preservar o momento mais sublime e expressivo da raça humana, que é a maternidade, daí se este o único motivo que exige de todos tratamento diferenciado à mulher que, nos momentos da maternidade (gestação, parto e amamentação), deve ser cuidada com maior distinção e com mais adequadas condições de trabalho.

A Lei n. 13.287, de 11.5.2016, acrescentou o art. 394-A à CLT, proibindo o trabalho da gestante ou da lactante em condição insalubre, durante os períodos respectivos, devendo, então, a trabalhadora nessas condições ser relotada em dependências salubres. A reforma de 2017 trouxe modificações a esse panorama protetivo. Assim, mudou a redação do art. 394-A, passando a registrar:

> Art. 394-A. A empregada gestante será afastada, enquanto durar a gestação, de quaisquer atividades, operações ou locais insalubres e exercerá suas atividades em local salubre, excluído, nesse caso, o pagamento de adicional de insalubridade.
>
> § 1º (VETADO)
>
> § 2º O exercício de atividades e operações insalubres em grau médio ou mínimo, pela gestante, somente será permitido quando ela, voluntariamente, apresentar atestado de saúde, emitido por médico de sua confiança, do sistema privado ou público de saúde, que autorize a sua permanência no exercício de suas atividades.
>
> § 3º A empregada lactante será afastada de atividades e operações consideradas insalubres em qualquer grau quando apresentar atestado de saúde emitido por médico de sua confiança, do sistema privado ou público de saúde, que recomende o afastamento durante a lactação.

Esse dispositivo enseja um elenco de comentários. De pronto, observe-se a menos danosa alteração promovida pela Medida Provisória n. 808/17 ao texto trazido pela emenda da Lei n. 13.467/17. Com efeito, durante o período gestacional, a empregada deverá ficar afastada de qualquer atividade insalubre, operação insalubre ou local insalubre, e, por corolário, não deverá receber o adicional correspondente. Poderá, todavia, desempenhar atividade ou desenvolver operação insalubre, nos graus médio ou mínimo, durante a gestação, desde que a própria empregada deseje, mediante apresentação de atestado médico, emitido por médico de sua confiança, que pode ser profissional privado ou pertencente ao sistema público de saúde, atestado esse que deverá autorizar a permanência da trabalhadora para exercer essas atividades insalubres (§ 2º do art. 394-A da CLT), e, consequentemente, cria responsabilidade direta do profissional que o fornecer.

Relativamente à lactação, o § 3º desse mesmo dispositivo determina o afastamento da empregada de atividades e operações insalubres de qualquer grau, mediante fornecimento de atestado de saúde fornecido por médico de sua confiança, recomendando seu afastamento nesse período.

Interessante recordar que a redação primitiva do art. 394-A garantia o afastamento da mulher gestante ou lactante e enquanto durasse a gestação e a lactação de quaisquer atividades, operação ou local insalubre de qualquer grau. Sem dúvida, era um lamentável retrocesso.

Impende, porém, assinalar que, do texto primitivo (o da Lei n. 13.487/17) para o atual (o da Medida Provisória n. 808/17), a questão foi apenas amenizada, mas os danos à mulher gestante ou lactante continuam iminentes, o que é insensatez completa, considerando a própria condição fragilidade da mulher nesses momentos.

11. Gorjeta

A origem da gorjeta remonta à antiguidade. Na Grécia existia com o nome de pecúlio. Em Roma, chamava-se espórtula. Na Alemanha teria sido usada pela primeira vez, em 1509, quando um cliente deu um *trinkgeld* (seu nome primitivo) a um artesão. No século XIX, era praticado nos bares da Inglaterra.

A gorjeta brasileira é a mesma praticada na maioria dos países, cada qual com sua forma específica de designação Assim, em espanhol, chama-se *punta* ou *propina*; é *tip*, em inglês; *suplementaire* ou *pointe*, em francês; e *spitze*, em alemão.

É praticada na maioria mas não na totalidade dos países, porque existem alguns que não a adotam e, em outros, o simples oferecimento desse *agrado* a um empregado representa grave ofensa à sua honra. Assim, não costuma ser adotada gorjeta na Nova Zelândia, Finlândia, Malásia, Singapura, Coreia do Sul, China e Japão. Em outros, existe costume de seu pagamento em percentual sobre a despesa efetuada, como veremos adiante.

A Lei n. 13.419, de 13.3.2017, cuida do rateio entre empregados da cobrança adicional sobre as despesas em bares, restaurantes, hotéis, motéis e estabelecimentos similares, modificando significativamente seu tratamento no Brasil.

Para a OIT, a expressão gorjeta significa o dinheiro que o cliente de hotel, restaurante ou similar dá voluntariamente ao trabalhador, além do que deve pagar pelos serviços recebidos (art. 6º, 1, da Convenção n. 172).

Conforme a redação primitiva do art. 457, § 3º, da CLT, tratava-se de uma gratificação paga por terceiro a um empregado em retribuição a algum serviço prestado, ou cobrada pelo empregador do terceiro para repasse ao empregado, integrando a remuneração deste. Agora, o dispositivo registra:

> § 3º Considera-se gorjeta não só a importância espontaneamente dada pelo cliente ao empregado, como também o valor cobrado pela empresa, como serviço ou adicional, a qualquer título, e destinado à distribuição aos empregados.

Esse rateio obedecerá dois critérios: (1) conforme definidos em convenção ou acordo coletivo de trabalho; ou (2) como deliberado em assembleia geral dos trabalhadores. A rigor, se não houver norma coletiva ou decisão em assembleia, não pode ser cobrada gorjeta, mesmo que ela seja entregue diretamente ao empregado, porque, nessa circunstância, o critério também deve ser definido em norma coletiva (§ 7º do art. 457, da CLT).

E, se não houver regra alguma, nem houver cobrança alguma, e o cliente espontânea e voluntariamente der uma gorjeta ao empregado que o atendeu bem? Nos locais que a lei refere, ainda que não conste qualquer disposição legal ou convencional, a gorjeta vai repercutir nos direitos do trabalhador, e, necessariamente nos recolhimentos ao Fisco.

É exatamente aí que está o nó gordio dessa diretriz. O que na verdade essa lei fez foi adotar mecanismos para proporcionar maior arrecadação de tributos, ou seja, não é uma lei trabalhista (ou de proteção ao trabalhador). É, sim, uma lei *tributária*, cuidando de tarifar valores a serem recolhidos ao poder público.

Tanto é assim que beneficia a arrecadação ao fixar percentuais que variam entre 20% e 33% para custear encargos sociais, previdenciários e trabalhistas derivados da sua integração à remuneração dos empregados, devendo o valor remanescente ser revertido integralmente em favor do trabalhador. Os primeiros (20%) destinam-se às empresas optantes pelo SIMPLES, integrantes do regime de tributação federal diferenciada. Os outros 33% destinam-se às demais empresas. O restante desses valores (80% e 67%) deve ser entregue ao empregado. Em outros termos, a gorjeta que, antes, era 100% do empregado, mediante rateio, passou a ser menor, abatendo-se entre 20% a 33% do que for arrecadado.

Além desse aspecto, é importante assinalar que apenas bares, restaurantes, hotéis, motéis e estabelecimentos similares podem cobrar e, consequentemente, fazer o rateio. Não se aplica, então, às outras atividades onde, por qualquer razão, seja praticado o uso de gorjetas, como manicuras e cabeleireiros em salões de beleza, entregador de compras de supermercados ou *delivery* em geral.

Beneficiando o trabalhador, a média das gorjetas dos últimos doze meses deverá ser anotada na CTPS do empregado, juntamente com o valor do salário fixo, e essa média passa a se incorporar no seu salário (§§ 8º, 9º, 16 e 17 do art. 457 da CLT). Sendo assim, deverá ser revista a Súmula n. 354 do TST, porque a gorjeta passará também a servir de base de cálculo para as parcelas de aviso-prévio, adicional noturno, horas extras e repouso semanal remunerado, além do FGTS.

Todas as empresas com mais de sessenta empregados deverão ter uma comissão fiscalizadora para avaliar a regularidade da cobrança e distribuição da gorjeta, e seus representantes serão eleitos em assembleia geral convocada pelo sindicato da categoria e gozarão de garantia de emprego. Para as empresas menores haverá uma comissão intersindical. Essas comissões, todavia, não possuem, ainda, regras sobre número de integrantes e o período da garantia de emprego, o que, talvez, seja fixado mediante negociação coletiva entre as categorias econômica e profissional. São regras repetidas nos §§ 10 e 18.

Pelo sistema alemão, as gorjetas são obrigatórias, quando aparecem desde logo na nota de despesa a ser paga pelo cliente. O sistema latino admite que sejam facultativas, quando espontaneamente dados pelo usuário ao empregado.

Importa que o Brasil adotou um sistema misto de gorjeta, porque em alguns estabelecimentos sua cobrança aparece nas notas e, em outras, o valor é livremente ajustado entre cliente e empregado. E isto não se alterou com as regras introduzidas em 2017.

Independentemente, porém, de ser ou não facultativa, a gorjeta, também conhecida como *propina*, integra a remuneração do empregado, nos termos da Súmula n. 354 do TST:

> SÚMULA N. 354 – GORJETAS. NATUREZA JURÍDICA. REPERCUSSÕES – As gorjetas, cobradas pelo empregador na nota de serviço ou oferecidas espontaneamente pelos clientes, integram a remuneração do empregado, não servindo de base de cálculo para as parcelas de aviso-prévio, adicional noturno, horas extras e repouso semanal remunerado.

Ensina Ferreira Prunes que,

> A natureza das gorjetas é de caráter trabalhista, sendo remuneração ao trabalho do empregado. Pelo simples fato de ser abonada por terceiros, nem por isso perde suas características paralelas de salário, formando com este último um todo harmônico e totalmente dentro de nossa disciplina[11].

Quando a questão parecia estar normatizada, e já vivia o país sob o império das mudanças introduzidas pela Lei n. 13.467/17 na legislação trabalhista, especialmente na CLT, sobreveio, exatas 72 horas depois, a Medida Provisória n. 808, de 14.11.2017, que introduziu os §§ 12 a 23 no art. 457 consolidado.

Com efeito, explicitou o § 12 que a gorjeta não constitui receita própria dos empregadores, destinando-se aos trabalhadores e distribuída segundo os critérios de custeio e de rateio definidos em norma coletiva autônoma, e, na falta desses comandos, devem ser definidos em assembleia geral dos trabalhadores interessados (§ 13).

Quando as empresas cobrarem dos clientes essa verba, o § 14 repete na literalidade o § 6º, acabando por criar, a nosso ver, desnecessária confusão, a tentar demonstrar que rege tema diverso, quando cuida da mesmíssima coisa.

Caso a gorjeta seja entregue diretamente ao empregado pelo consumidor, determina o § 15 do art. 457 da CLT que os critérios serão definidos, também, por convenção ou acordo coletivo de trabalho, sendo facultada a retenção de valores, conforme o § 14, que é repetição, como assinalamos, do § 6º.

De acordo com o § 19, o empregador pagará ao empregado prejudicado, a título de multa, valor correspondente a um trinta avos da média da gorjeta por dia de atraso, limitada ao piso da categoria, garantido o contraditório e a ampla defesa, na hipótese de ficar comprovado que não cumpriu os comandos dos §§ 12, 14, 15 e 17, recordando que os §§ 14 e 17 são repetições dos §§ 6º e 9º. Essa base de cálculo será triplicada em caso de reincidência patronal (§ 20), sendo reincidente o empregador que, pelo período de doze meses, não cumprir os comandos dos §§ 12, 14, 15 e 17, por mais de sessenta dias (§ 21).

O § 22 não se refere às gorjetas, mas a prêmios, e cuida, implicitamente das gueltas, que são bonificações concedidas ao trabalhador que não são pagas pelo empregador, mas pelo fornecedor do bem vendido e decorre do contrato de trabalho. O empregador recebe do fornecedor a guelta e a repassa para o empregado, funcionando como uma espécie de prêmio ou comissão. A figura descrita no § 22 ajusta-se perfeitamente, então, à guelta.

Na gorjeta, como de resto em todas as parcelas tratadas no art. 457 da CLT, verifica-se a incidência de imposto sobre a renda e outros encargos tributários, salvo quando ocorrer expressa isenção por lei específica (§ 23).

---

(11) FERREIRA PRUNES, José Luiz. *As gorjetas no direito brasileiro do trabalho*. São Paulo: LTr, 1982. p. 61.

12. Honorários Advocatícios

Existem três tipos de honorários advocatícios: contratuais, arbitrados e sucumbenciais. Os contratuais são decorrentes de contrato firmado entre advogado e cliente, e que este pagará aquele pouco importando o resultado da questão em juízo. Os honorários arbitrados são aqueles devidos ao advogado quando não existe contrato com o cliente, e que o juiz arbitra, de acordo com seu prudente arbítrio, obedecendo a regra do art. 22 do Estatuto da Advocacia (Lei n. 8.906/94). Os honorários sucumbenciais decorrem de um processo judicial onde a parte perdedora (sucumbente) deve pagar o advogado do vencedor, variando entre 10% a 20% do valor final da condenação, do proveito econômico obtido ou, não sendo possível mensurá-lo, sobre o valor atualizado da causa, conforme fixar o juiz. É a disposição do art. 85, § 2º, do CPC.

Na Justiça do Trabalho, não existiam honorários de sucumbência, que passaram a ser admitidos na sua plenitude a partir da vigência das mudanças introduzidas na CLT pela Lei n. 13.467/17.

Era assim porque ainda persistia (e persiste) o *jus postulandi* da parte, conforme o art. 839, alínea *"a"*, da CLT, que permite que a reclamação seja apresentada pelos empregados e empregadores pessoalmente. A única exceção aceita é para a hipótese da Lei n. 5.584/74, quando o empregado reclama assistido de seu sindicato de classe e recebe menos que dois salários mínimos, e algumas outras poucas e isoladas hipóteses, constantes da Súmula n. 219 do TST, como a ação rescisória.

Para contornar a injustiça que a lei cometia com os advogados trabalhistas, e considerando o aumento do número de reclamações postulando indenização por dano material decorrente da contratação de advogado, alguns julgados passaram a deferir esse pleito, e, ao cabo, tribunais (como o TRT da 8ª Região, de Belém) adotaram tese jurídica prevalecente a respeito. No TRT-8, é a TJP 01, assim ementada:

> TJP n. 01 – Indenização por dano material decorrente de despesas por contratação de advogado – Arts. 186, 187 e 927 do Código Civil: Empregador que descumpre a legislação violando direito e levando empregado a contratar advogado para reclamar o que lhe é devido comete ato ilícito, causa dano material e fica obrigado a repará-lo com pagamento de indenização conforme dicção e inteligência dos arts. 186, 187 e 927 do Código Civil.

A partir de novembro de 2017, os advogados trabalhistas passaram a ter direito a honorários sucumbenciais, sem que terminasse o *jus postulandi*, que está em crescente desuso. Como resultado, não tudo leva a acreditar que terminou o direito à postular a indenização por dano material referida. Cabem, sim, honorários sucumbenciais.

Para fixar esses honorários, o Juiz do Trabalho deve considerar os mesmos elementos que o CPC prevê para o Juiz comum examinar ao atribuir honorários aos advogados que atuem nos demais ramos do Judiciário: grau de zelo do profissional; lugar de prestação do serviço; natureza e importância da causa; e trabalho realizado pelo advogado e o tempo exigido para o seu serviço (§ 2º do novo art. 791-A da CLT e § 2º do art. 85 do CPC).

Mas, é aqui que mora grave problema e estranha discriminação. Enquanto nos demais segmentos do Poder Judiciário brasileiro os honorários de sucumbência são fixados entre 10% e 20%, na Justiça do Trabalho, eles serão fixados entre 5% e 15% (art. 791-A, *caput* da CLT), e respondidos pelo perdedor (reclamante ou reclamado).

Não iremos tecer outras considerações sobre os honorários na Justiça do Trabalho, que envolvem ações contra a Fazenda Pública, em que participe sindicato de classe, em que haja concessão de gratuidade na Justiça ou em caso de reconvenção (art. 791-A, §§ 1º, 4º e 5º). O que chama gravemente a atenção, e profundamente lamentável, é o tratamento altamente discriminatório que o novo art. 791-A atribui ao advogado trabalhista.

No exercício da magistratura de carreira há quase quarenta anos, posso afirmar que conheço a excelência, a seriedade e a competência de diversos advogados trabalhistas que atuam na 8ª Região e em outros tribunais brasileiros, inclusive no Tribunal Superior em Brasília. Não vejo nesses profissionais nada que os diminua em relação aos demais colegas advogados que atuam em outros segmentos do Judiciário. Entendo, com todas as vênias, que esse tratamento ofende o art. 5º, *caput*, da Constituição da República, violando a insuperável regra da igualdade.

Aristóteles dizia que devemos tratar com desigualdade os desiguais e com igualdade os iguais. Os advogados trabalhistas e os que não atuam na Justiça do Trabalho são exatamente iguais, em direitos, deveres e formação profissional aos demais. Não vejo como se adotar esse diferencial de honorários de sucumbência a menor apenas para os dedicados advogados trabalhistas. É o que penso, salvo melhor juízo, esperando que, em breve, essa discriminação seja corrigida.

13. Horário *In Itinere*

O tempo de deslocamento do trabalhador, de sua residência até o local de trabalho de difícil acesso ou não serviço por transporte público regular e o retorno respectivo era computável na jornada de trabalho. Este é um antigo precedente jurisprudencial do TST, constante da Súmula n. 90 e com outras regras por meio da Súmula n. 320. A matéria estava absolutamente pacificada com o § 2º do art. 58 da CLT, acrescido pela Lei n. 10.243/01, registrando:

> § 2º O tempo despendido pelo empregado até o local de trabalho e para o seu retorno, por qualquer meio de transporte, não será computado na jornada de trabalho, salvo quando, tratando-se de local de difícil acesso ou não servido por transporte público, o empregador fornecer a condução.

Desde novembro de 2017, passou a reger a matéria a regra nova contemplada no § 2º do art. 58, dispondo:

> § 2º O tempo despendido pelo empregado desde a sua residência até a efetiva ocupação do posto de trabalho e para o seu retorno, caminhando ou por qualquer meio de transporte, inclusive o fornecido pelo empregador, não será computado na jornada de trabalho, por não ser tempo à disposição do empregador.

A novidade não é apenas a exclusão desse tempo de deslocamento. Vai muito mais além.

O ponto de partida permanece: a residência do empregado. Muda o destino. Antes era *o local de trabalho*, ou seja, em uma empresa que funcione em vários galpões, ocupando grande espaço, o tempo *in itinere* terminaria quando o empregado, à entrada da firma, marcasse seu ponto, e, a partir daí, estaria em jornada normal. Agora, não mais. O tempo *in itinere* não computa para nada, e a jornada de trabalho (tempo à disposição do empregador) somente terá início no momento exato em que o empregado chegar a seu ponto de trabalho. No exemplo acima: quando chegar ao galpão onde trabalha e, provavelmente, a partir do momento em que estiver no efetivo local da prestação de trabalho, registrar seu ponto.

Em outros termos, não possui mais razões para subsistir a Súmula n. 429 do TST que dispõe:

> Súmula n. 429 – Tempo à disposição do empregador. Art. 4º da CLT. Período de deslocamento entre a portaria e o local de trabalho – Considera-se à disposição do empregador, na forma do art. 4º da CLT, o tempo necessário ao deslocamento do trabalhador entre a portaria da empresa e o local de trabalho, desde que supere o limite de 10 (dez) minutos diários.

Esse tempo, como assinalado, a nova regra exclui, referindo expressamente a *posto de trabalho*, e não mais *local de trabalho*.

Outro ponto é que não importa seja o local de trabalho de difícil acesso, seja não servido por transporte público regular, forneça ou não o empregador transporte para o trecho a ser percorrido para o deslocamento do obreiro total ou parcialmente.

De acordo com as regras em vigor, a forma de deslocamento é irrelevante. Simplesmente não fará parte da jornada de trabalho, ainda que seja caminhando ou por qualquer meio de transporte, como está expresso no atual § 2º do art. 58 da CLT.

Com essa providência legislativa, alterando profundamente antigo entendimento jurisprudencial e modificando a lei então vigente, haverá significativa perda para o trabalhador, considerando, sobretudo, os locais de trabalho cujo acesso é efetivamente difícil. Esse tipo de local é frequentemente encontrável em áreas rurais e, máxime no distante interior da Amazônia, e o tempo que o empregado leva, hoje, de sua casa até o local de trabalho, continuará a ser o mesmo, mas não será considerado para fins de computo na jornada de trabalho e, por corolário, para fins de recebimento de salário.

O TRT da 8ª Região aprovou a Súmula n. 40, sobre horário *in itinere* na Usina Hidrelétrica de Tucuruí, no Pará. Naquela oportunidade, foi criteriosamente examinada a realidade local e fixados períodos de deslocamento considerando, a partir da Vila Permanente dois destinos específicos: setor administrativo da usina e edifício de comando da usina, afastando o tempo despendido entre a portaria da usina e a catraca onde é registrada a frequência. Essa súmula também não deverá sobreviver aos efeitos das mudanças.

Como as novas regras privilegiam o negociado sobre o legislado, a proibição de pagamento de horas *in itinere* não exclui a possibilidade de, por negociação coletiva, ser criado um adicional de deslocamento ou mesmo o computo desse horário de deslocamento na jornada de trabalho, porque, conforme o n. I do art. 611-A, é possível pactuar acerca de jornada de trabalho, observados os limites constitucionais.

14. Intervalos

No cotidiano do trabalhador, sua jornada possui diversos períodos de intervalo. Certamente, o das férias é o mais longo, embora existam outros, menores, mas igualmente importantes. Vejamos alguns, considerando, sobretudo, as mudanças introduzidas pela Lei n. 13.467/17.

A jornada semanal de trabalho contempla três tipos específicos de intervalos: o intrajornada, o interjornada e o pré-jornada suplementar, que é excepcional. Encontramos, ainda, o intervalo semanal, que é o repouso semanal remunerado, e alguns intervalos específicos.

O primeiro (intrajornada) é aquele que ocorre durante a jornada diária de trabalho, variando de acordo com a espécie de atividade desenvolvida, destinando-se a possibilitar a recuperação das energias do empregado para continuar o regular labor diário, e não sofre remuneração alguma.

O segundo (interjornada) ocorre entre a jornada de um dia e a de outro, com duração certa de onze horas consecutivas, conforme o art. 66 da CLT, igualmente sem remuneração.

O terceiro (pré-jornada suplementar) era o intervalo objeto do art. 384 consolidado, revogado pela Lei n. 13.467/17, aplicável somente quando ocorria prorrogação de jornada para além dos limites de normalidade.

O intervalo semanal ou hebdomadário é o repouso ou descanso semanal remunerado, a ser apreciada em momento específico, e que se aplica aos feriados, conforme o art. 1º da Lei n. 605, de 5.1.1949:

> Art. 1º Todo empregado tem direito ao repouso semanal remunerado de vinte e quatro horas consecutivas, preferentemente aos domingos e, nos limites das exigências técnicas das empresas, nos feriados civis e religiosos, de acordo com a tradição local.

O intervalo intrajornada é dividido, por Mauricio Godinho Delgado, em duas espécies: comum e especial[12]. No primeiro, encontra-se aquele aplicável a todos os trabalhadores. No seguinte, apenas a determinadas categorias profissionais.

A CLT prevê o intervalo intrajornada regular de uma e duas horas quando a jornada de trabalho excede a seis horas (art. 71), e de quinze minutos para jornada de quatro horas a até seis horas de trabalho (§ 1º), intervalos esses que não são computados na duração diária do labor (§ 2º).

O limite mínimo de uma hora, de que trata o *caput* do art. 71, pode ser reduzido por ato do Ministério do Trabalho, quando o local de trabalho possuir refeitórios, desde que os empregados não tenham prorrogação de horas suplementares (art. 71, § 3º, da CLT).

---

(12) DELGADO, Mauricio Godinho. *Curso de direito do trabalho*. 11. ed. São Paulo: LTr, 2012. p. 902.

A matéria é regulada na Portaria n. 1.095, de 19.5.2010, cujo art. 1º dispõe:

Art. 1º A redução do intervalo intrajornada de que trata o art. 71, § 3º, da Consolidação das Leis do Trabalho (CLT) poderá ser deferida por ato de autoridade do Ministério do Trabalho e Emprego quando prevista em convenção ou acordo coletivo de trabalho, desde que os estabelecimentos abrangidos pelo seu âmbito de incidência atendam integralmente às exigências concernentes à organização dos refeitórios, e quando os respectivos empregados não estiverem sob regime de trabalho prorrogado a horas suplementares.

Desse ato ministerial decorre aparente violação do princípio da liberdade sindical, porque atribui competência ao Ministério do Trabalho, para reduzir o intervalo intrajornada se atendidas exigências para organização de refeitórios e quanto à jornada dos empregados, dando como que um *aval* às normas coletivas negociadas.

A nova redação do § 4º do art. 71 trouxe mudanças no entendimento pretérito, na medida em que manda apenas que seja efetuado *o pagamento, de natureza indenizatória* [não remuneratória], *apenas do período suprimido, com acréscimo de 50% (cinquenta por cento) sobre o valor da remuneração da hora normal de trabalho*, e não mais do período integral.

Regra específica existe para atender serviços e condições especiais de trabalho (rodoviários de modo geral), conforme o § 5º do mesmo artigo:

§ 5º O intervalo expresso no *caput* poderá ser reduzido e/ou fracionado, e aquele estabelecido no § 1º poderá ser fracionado, quando compreendidos entre o término da primeira hora trabalhada e o início da última hora trabalhada, desde que previsto em convenção ou acordo coletivo de trabalho, ante a natureza do serviço e em virtude das condições especiais de trabalho a que são submetidos estritamente os motoristas, cobradores, fiscalização de campo e afins nos serviços de operação de veículos rodoviários, empregados no setor de transporte coletivo de passageiros, mantida a remuneração e concedidos intervalos para descanso menores ao final de cada viagem.

A novidade trazida pela reforma de 2017 está no art. 611-A que permite negociar, coletivamente, o intervalo intrajornada, respeitado o limite mínimo de trinta minutos para jornadas superiores a seis horas (inciso III). Essa disposição vai contra a posição adotada pelo TST, por meio da OJ n. 342, que, primeiro, veda a negociação para suprimir ou reduzir o intervalo em qualquer situação, diversamente da Portaria referida acima, e, segundo, excepciona apenas para condutores e cobradores de veículos rodoviários (transporte público coletivo urbano), na linha do § 5º do mesmo art. 71.

Algumas atividades específicas (mecanografia, frigoríficos, mineiros) possuem intervalo intrajornada diferenciado, conforme veremos adiante ao exame da jornada de algumas delas.

Aspecto controverso, todavia, é o que respeita à redução desse intervalo, mediante negociação coletiva.

Em decorrência do previsto no inciso XXVI do art. 7º da Constituição, dada a prevalência do negociado sobre o legislado, deve ser admitida a possibilidade de, por via de acordo ou convenção coletiva de trabalho, ser aumentado o intervalo intrajornada para além de duas horas, desde que seja fixado o tempo exato a ser observado.

Chegamos, no passado a considerar a nulidade de cláusula convencional nesse sentido[13], porém, três fatores precisam ser considerados. Primeiro, a regra insculpida no art. 71, *caput*,

---

(13) Cf. Acórdão TRT 4ª T. RO 0000054-39.2012.5.08.0117, de 27.11.2012 (Siderúrgica Norte Brasil S/A e Translíder Ltda. *VS.* os mesmos e Ernandes Barbosa de Oliveira).

da CLT, reporta-se à impossibilidade de redução e não de aumento do tempo de intervalo. Segundo, a própria Constituição prestigia a negociação coletiva o que importa na possibilidade dessa alteração. Terceiro, o aparente prejuízo ao trabalhador, impossibilidade de retornar a sua residência e, depois, voltar ao trabalho, *v. g.*, considerando as dificuldades naturais do trânsito nas grandes cidades, é um argumento fático considerável, porém, não importa em violar sua dignidade, sua saúde ou seu valor enquanto ser humano. Trata-se de um problema de mobilidade humana e não significa que, necessariamente, o trabalhador, em horário de intervalo, tenha que retornar a sua residência. Pensamos que se trata de um argumento falacioso pretender impedir essa mudança com esse fundamento. O que é indispensável, sim, é a fixação exata do novo período de intervalo.

Seguindo essa linha de raciocínio, mas em sentido inverso, como deveremos enfrentar a possibilidade de redução do dito intervalo, conforme preconizado pelo inciso III do art. 611-A? Pensamos, *data venia*, que esse mecanismo, fruto da autonomia privada coletiva, atenderá igualmente às partes (trabalhador e empregador). Existem razões para admitir. Uma, ao ficar até duas horas sem poder, na realidade, se deslocar até sua residência, o tempo ocioso não resulta em nada de utilidade para o trabalhador. Assim, menor o intervalo, o obreiro poderá retornar a sua atividade. Duas retomando mais cedo o trabalho, findo o intervalo, o empregado concluirá também mais cedo sua jornada diária. Então, se antes saia às 18 h, poderá deixar o local até 1,30 h antes, ou seja, às 16,30 h, e retornar ao convívio familiar ou desempenhar outras atividades de seu próprio interesse. Acreditamos que isso seja mais benéfico ao trabalhador do que o argumento, nem sempre realmente válido, de que repousará menos.

Então, considerando as possibilidades de ampliação (que continua viável) ou de redução (que é a novidade), pensamos que ambos os sistemas, que serão necessariamente negociados coletivamente, podem representar o atendimento às postulações dos interlocutores sociais.

Quanto ao intervalo interjornada, é ele destinado para o empregado poder recuperar-se de um dia de trabalho. Entre duas jornadas, entre um e outro dias, por um período mínimo de onze horas consecutivas após o trabalho, o obreiro tem direito a descansar. É a regra do art. 66 da CLT:

> Art. 66. Entre 2 (duas) jornadas de trabalho haverá um período mínimo de 11 (onze) horas consecutivas para descanso.

A inexistência do intervalo dessas onze horas não resulta em pagamento de horas extravagantes, salvo se a jornada do obreiro se estender para além de oito horas diárias e pelas horas excedentes.

Na ocorrência de repouso semanal remunerado, o intervalo interjornada será de 35 horas porque, às onze horas deste devem ser acrescentadas as 24 horas do repouso.

Finalmente, vejamos o intervalo pré-jornada suplementar. Lamentavelmente, o legislador reformista revogou o art. 384 da CLT, e, com ele, levou o parágrafo único do art. 413 consolidado.

O primeiro previa que, em caso de prorrogação do horário normal, seria obrigatório para a mulher um descanso de quinze minutos no mínimo, antes do início do período extraordinário do trabalho. O segundo estendia esse benefício aos trabalhadores menores de dezoito anos, independentemente de sexo.

Embora, defendamos que, por força dos arts. 5º, I, e 7º, XXX, da Constituição esse intervalo fosse devido também aos homens, o STF entendeu que sua aplicação destinava-se apenas às mulheres, com repercussão geral. Foi o que decidiu no RE n. 658.312-SC (Rel.: Ministro Dias Toffoli), conquanto pareça ser uma decisão discriminatória.

Agora, no entanto, a regra não existe mais na lei brasileira, logo, nem mulher, nem menor, nem homem têm direito a esse intervalo. A jornada extravagante simples será prorrogada de forma direta e imediata após o término da jornada regular, o que é lamentável[14]. Eventuais debates acerca de quem tem direito a esse benefício se tornou desnecessário. Espera-se, todavia, que, pela via da negociação coletiva, agora com tratamento mais amplo e pleno apoio e incentivo legais, possa ser incluído em normas coletivas.

Além dos intervalos mais frequentes que referimos acima, existem alguns outros específicos para situações determinadas, a saber: intervalo para recuperação térmica, intervalo para trabalhadores em minas de subsolo e intervalo em serviços de mecanografia e digitação, dentre outros, que passamos a examinar.

O intervalo para recuperação térmica, ou simplesmente intervalo térmico, está previsto no art. 253 da CLT:

> Art. 253 – Para os empregados que trabalham no interior das câmaras frigoríficas e para os que movimentam mercadorias do ambiente quente ou normal para o frio e vice-versa, depois de 1 (uma) hora e 40 (quarenta) minutos de trabalho contínuo, será assegurado um período de 20 (vinte) minutos de repouso, computado esse intervalo como de trabalho efetivo.
>
> Parágrafo único – Considera-se artificialmente frio, para os fins do presente artigo, o que for inferior, nas primeira, segunda e terceira zonas climáticas do mapa oficial do Ministério do Trabalho, Industria e Comercio, a 15º (quinze graus), na quarta zona a 12º (doze graus), e nas quinta, sexta e sétima zonas a 10º (dez graus).

Esse intervalo é um momento de interrupção do contrato de trabalho, significando que é computável ao tempo de trabalho efetivo.

Deve ser considerado esse intervalo também para o trabalho contínuo em ambientes artificialmente frios, nos termos da Súmula n. 438 do TST:

> Súmula n. 438 – INTERVALO PARA RECUPERAÇÃO TÉRMICA DO EMPREGADO. AMBIENTE ARTIFICIALMENTE FRIO. HORAS EXTRAS. ART. 253 DA CLT. APLICAÇÃO ANALÓGICA – O empregado submetido a trabalho contínuo em ambiente artificialmente frio, nos termos do parágrafo único do art. 253 da CLT, ainda que não labore em câmara frigorífica, tem direito ao intervalo intrajornada previsto no caput do art. 253 da CLT.

Igualmente encontramos aqueles que trabalham em minas de subsolo podem interromper seu trabalho por quinze minutos a cada período de três horas consecutivas, conforme o comando do art. 298 consolidado.

Outro intervalo que a CLT contempla é aquele destinado aos que trabalham em mecanografia, que abrange serviços de datilografia, escrituração ou cálculo. A cada noventa minutos, esses trabalhadores têm direito de interromper por dez minutos as suas tarefas para repouso, conforme o art. 72 da CLT.

---

(14) Acerca desse intervalo pré-jornada suplementar, v. nosso *Curso de Direito do Trabalho*. 3. ed. São Paulo: LTr, 2017. p. 346-350.

É impossível, hodiernamente, interpretar restritivamente o dispositivo consolidado. Por isso, bem andou o TST ao editar a Súmula n. 346, equiparando aos trabalhadores referidos na CLT os digitadores, e determinando a aplicação analógica do art. 72 em apreço a esses profissionais, que, como sabido, substituíram os antigos datilógrafos. O enunciado é o seguinte:

> Súmula n. 346 do TST – DIGITADOR. INTERVALOS INTRAJORNADA. APLICAÇÃO ANALÓGICA DO ART. 72 DA CLT – Os digitadores, por aplicação analógica do art. 72 da CLT, equiparam-se aos trabalhadores nos serviços de mecanografia (datilografia, escrituração ou cálculo), razão pela qual têm direito a intervalos de descanso de 10 (dez) minutos a cada 90 (noventa) de trabalho consecutivo.

Devemos destacar, por fim, o intervalo do trabalhador rural.

Com efeito, no trabalho rural, no campo, o Estatuto do Trabalhador Rural (Lei n. 5.889/73), em seu art. 13, determina que *nos locais de trabalho rural serão observadas as normas de segurança e higiene estabelecidas em portaria do ministro do Trabalho e Previdência Social.*

A Constituição de 1988, no art. 7º, XII, prega a *redução dos riscos inerentes ao trabalho, por meio de normas de saúde, higiene e segurança.* Ou seja, a própria Lei Fundamental renova a imperiosidade da presença da saúde, higiene e segurança do trabalhador para garantir-lhe melhor condição de vida.

Situados esses dois aspectos, o Ministério do Trabalho editou a Portaria n. 86, de 3 de março de 2005, aprovando a Norma Regulamentadora (NR) n. 31, que trata de segurança e saúde no trabalho na agricultura, pecuária, silvicultura, exploração florestal e aquicultura.

De acordo com essa NR, deverá haver uma pausa para descanso do trabalhador rural, em atividades que forem realizadas em pé (n. 31.10.7) ou que exijam sobrecarga muscular estática ou dinâmica (n. 31.10.9).

Essa *pausa* nada mais é que um intervalo específico (trabalho em pé ou com sobrecarga muscular), mas não existe nenhuma previsão legal expressa para fixar sua duração.

É certo que o art. 5º da Lei n. 5.889/73 contempla intervalo para repouso ou alimentação em caso de jornada superior a seis horas (intervalo intrajornada) e de onze horas entre um dia e outro de trabalho (intervalo interjornada), mas não se confunde com essa pausa específica. A essa nova interrupção, é omisso o Estatuto do Trabalhador Rural.

Conforme dispõe o art. 4º, da LINDB, *quando a lei for omissa, o juiz decidirá o caso de acordo com a analogia, os costumes e os princípios gerais de direito.* À norma brasileira de super-direito se agrega o art. 8º da CLT, que determina que tanto as autoridades administrativas como o Judiciário trabalhista, na omissão da lei ou das normas negociadas (convenção ou acordo coletivo de trabalho), decidam o caso conforme a jurisprudência, analogia, equidade, princípios gerais de direito, especialmente os de Direito do Trabalho, usos e costume e direito comparado. Em outras palavras, o legislador consolidado facultou ao Auditor-Fiscal do Ministério do Trabalho, em sua missão fiscalizadora, e ao magistrado trabalhista, na sua tarefa de julgador, sempre que omissa a lei, a aplicação de qualquer das regras de interpretação da norma, desde que encontre uma solução justa à demanda, suprindo a omissão legislativa.

Ora, o art. 72 da CLT, que referimos acima, dispõe que:

Art. 72 – Nos serviços permanentes de mecanografia (datilografia, escrituração ou cálculo), a cada período de 90 (noventa) minutos de trabalho consecutivo corresponderá um repouso de 10 (dez) minutos não deduzidos da duração normal de trabalho.

Aplica-se, também, ao trabalho de digitação, conforme assinalado ao norte, até porque, hoje, são raros os casos de tarefa que envolva datilografia. Mas não se cogitou de aplicar a outras áreas.

Embora estejamos diante de situações diversas (trabalho de mecanografia ou digitação, de um lado, e trabalho rural de outro), é certo que a NR-31 criou uma situação singular e que precisava de uma solução.

Por isso, a jurisprudência, por analogia, passou a aplicar a regra do intervalo do art. 72 da CLT ao trabalhador rural, que desenvolve atividades em pé ou quando lhe for exigida sobrecarga muscular estática ou dinâmica. Ou seja, a regra da Súmula n. 346 também pode ser estendida ao trabalhador do campo.

Com efeito, o rurícola nessas condições de atividade tem direito a intervalo de dez minutos após cada período de noventa minutos de trabalho consecutivo. Esse tem sido o entendimento do TST (Proc. 3ª T. TST-RR-1970-36.2014.5.09.0562, de 25.5.2016, rel. Min. Mauricio Godinho Delgado) e também dos tribunais regionais, como o da TRT da 8ª Região (Proc. TRT-8ª/4ª T./RO 0003050-11.2015.5.08.0115 15).

15. Jornada 12x36

Este tipo especial de jornada de trabalho é razoavelmente recente no direito brasileiro, e, igualmente, sempre gerou muita controvérsia, considerando o limite de oito horas fixado para a jornada diária pela Constituição (art. 7º, n. XIII).

As reformas da Lei n. 13.467/17 e, logo em seguida, da Medida Provisória n. 808/17, introduzidas na CLT, criaram permissivo legal para as partes, facultativamente, poderem estabelecer esse tipo de jornada: doze horas de trabalho, seguidas de 36 horas de descanso, devendo ser observados ou indenizados os intervalos destinados a repouso e alimentação (art. 59-A da CLT). Trata-se de um regime excepcional, como anuncia o *caput* do art. 59-A, que somente deve ser adotado de forma igualmente excepcional, e não generalizar a todos os trabalhadores.

A adoção desse sistema deve decorrer de convenção coletiva de trabalho ou acordo coletivo de trabalho, e não mais de acordo individual escrito, como no texto oferecido pela Lei n. 13.467/17. A Medida Provisória n. 808/17 retirou, e fez acertadamente, essa forma individual de fixação de jornada.

De outro lado, a remuneração mensal negociada abrange os pagamentos a título de repouso semanal remunerado e descanso em feriado, considerando-se compensados os feriados e prorrogações de trabalho em horário noturno (§ 1º do art. 59-A da CLT).

É sabida a prática desse tipo de jornada em diversas categorias específicas, que precisam de empregados em regime de plantão, fazendo uma espécie de rodízio. Assim os profissionais de vigilância e segurança e os da área da saúde (médicos e enfermeiros), por isso, e apenas para esses últimos profissionais, é possível admitir a possibilidade de celebração de acordo individual para fixação de jornada 12x36, além dos regulares instrumentos coletivos autônomos, devendo ser cumprida a observância ou a indenização dos intervalos para repouso e alimentação (art. 59-A, § 2º, da CLT).

Por fim, e estranhamente, embora as prorrogações de jornada nas atividades insalubres sejam condicionadas à licença prévia das autoridades competentes em matéria de higiene do trabalho, as quais, para esse efeito, procederão aos necessários exames locais e à verificação dos métodos e processos de trabalho, quer diretamente, quer por intermédio de autoridades sanitárias federais, estaduais e municipais, com quem entrarão em entendimento para tal fim (art. 60, da CLT), essa licença prévia não é exigida nas hipóteses de jornada 12x36 (parágrafo único do mesmo artigo), o que, aparentemente, viola o direito à saúde do art. 6º da Constituição, razão pela qual nada obsta que, futuramente, esse aspecto venha a ser apreciado pelo STF.

16. *Pegadinhas* dos Arts. 611-A e 611-B

Estão em pleno vigor as mudanças introduzidas na legislação trabalhista pela Lei n. 13.467/17. Começaram dia 11 de novembro, o "dia 11" do Brasil, sem qualquer semelhança ao 11 de setembro de 2001, das torres gêmeas de Nova York.

Com as mudanças vigendo, muita coisa pode acontecer, inclusive nada (o que é menos provável). Duas situações devem chamar atenção por conta do que pode estar por trás delas. Envolvem o principal tema de debates sobre a reforma: o conflito negociado *x* legislado.

Nesse campo, deve ser dada toda atenção a um pormenor que não parece estar sendo percebido. São as expressões *entre outros*, do *caput* do art. 611-A, e *exclusivamente*, do *caput* do art. 611-B. Aparentemente, não significam nada ou quase nada, podendo ser chamadas de *expressões de reforço* que o legislador infraconstitucional teria usado para deixar bem clara sua intenção. No entanto, vejo-as como seríssimas *pegadinhas*, dessas que o professor costuma inserir nos testes de avaliação para aquilatar a capacidade de percepção de seus alunos.

Existem outros, como os dos arts. 223-C e 223-D, relativos ao dano extrapatrimonial. O primeiro enumera os *bens juridicamente tutelados*, quando se refere à pessoa física, no geral, o trabalhador. Adiante, o art. 223-D refere a bens juridicamente tutelados, quando cuida de pessoa jurídica (sem o artigo definido). O que isso pode significar? Pode ser entendido que a enumeração do art. 223-C é exaustiva, não permitindo elastecer as hipóteses, enquanto a do art. 223-D é meramente exemplificativa, e não em *numerus clausus*. Um tema que merece ser bem refletido.

Vejamos as *pegadinhas* dos arts. 611-A e 611-B, e tentemos demonstrar o que querem significar ambas no contexto em que foram implantadas na CLT brasileira.

1. A regra do art. 611-A

A primeira é a expressão *entre outros*. *Entre* é uma preposição que vem seguida de *outros*, que é um pronome indefinido. Juntas significam assim por diante, dando ideia de sequência. Está inserida no *caput* do art. 611-A, com a seguinte redação:

> Art. 611-A. A convenção coletiva e o acordo coletivo de trabalho, observados os incisos III e VI do caput do art. 8º da Constituição, têm prevalência sobre a lei quando, entre outros, dispuserem sobre: [segue-se a enumeração dos direitos].

Para examinar os textos desses documentos, é competente a Justiça do Trabalho, mas sua atuação ficará limitada ao disposto no § 3º do art. 8º da CLT, conforme preconiza o § 1º do art. 611-A.

Examinando o *caput* transcrito, verifica-se que, a partir da Medida Provisória n. 808/17, houve o acréscimo de uma referência expressa aos incisos III e VI do art. 8º constitucional. O inciso III cuida do direito ao FGTS. O inciso VI refere à irredutibilidade do salário, salvo o disposto em convenção ou acordo coletivo de trabalho. A observância desses dois incisos importa considerar que negociação envolvendo o FGTS deverá seguir, quanto a percentuais de depósito, aqueles fixados em lei, podendo, no entanto, as partes negociadoras alterarem critérios de base de cálculo de incidência. O inciso seguinte conserva a irredutibilidade de salário que, todavia, continua podendo, como podia antes dessa reforma, ser reduzido desde que pela via negocial.

Ademais, ganha destaque a expressão *entre outros*. Qual será o verdadeiro sentido dessa expressão aparentemente tão singela? É a mesma coisa a redação afirmar que: *a convenção coletiva e o acordo coletivo de trabalho têm prevalência sobre a lei quando dispuserem sobre...* comparando com *a convenção coletiva e o acordo coletivo de trabalho têm prevalência sobre a lei quando,* **entre outros,** *dispuserem sobre...*? A impressão inocente de que é a mesma coisa importa em grande equívoco. São coisas completamente distintas. A primeira (sem a expressão *entre outros*) significa que as normas coletivas são prevalentes em relação à lei sempre que estiverem dispondo sobre os direitos que alinha em seguida. A segunda (com a expressão *entre outros*) leva a acreditar que além do efeito de superioridade poderão ser instituídos outros mecanismos, com diversas finalidades, diretamente vinculados ao direito negociado.

Superado esse aspecto, temos os direitos sujeitos à celebração de acordo coletivo de trabalho ou convenção coletiva de trabalho, observando que a Medida Provisória n. 808/17, modificou o inciso XII e retirou o inciso XIII do elenco existente. Acerca dos direitos negociáveis passamos a tecer breves comentários:

I – pacto quanto à jornada de trabalho, observados os limites constitucionais, ou seja, os critérios de prestação de serviços poderão ser ajustados, mas sempre cumpridos o máximo permitido pela Constituição, ou seja, oito horas diárias ou 44 horas semanais. Os excessos devem ser considerados jornada extraordinária, e acrescidos de 50% sobre o valor da hora normal. Por outro lado, a própria Constituição contempla a possibilidade de negociação inclusive dos turnos ininterruptos de revezamento;

II – banco de horas anual, tema que examinamos em outra parte deste livro;

III – intervalo intrajornada, respeitado o limite mínimo de trinta minutos para jornadas superiores a seis horas, assunto igualmente já examinado;

IV – adesão ao Programa Seguro-Emprego (PSE), de que trata a Lei n. 13.189, de 19 de novembro de 2015;

V – plano de cargos, salários e funções compatíveis com a condição pessoal do empregado, bem como identificação dos cargos que se enquadram como funções de confiança, o que importa no exame das regras do art. 461 consolidado e dos critérios de confiabilidade, objeto do art. 62 da CLT. Note-se que ao negociar as bases dessa fidúcia devemos admitir elementar prejuízo para o trabalhador;

VI – regulamento empresarial, o que é negociação extremamente perigosa porque poderá significar alteração prejudicial às condições de trabalho ajustadas;

VII – representante dos trabalhadores no local de trabalho, objeto do art. 11 da Constituição e que a reforma de 2017 regulou, podendo, coletivamente, ser adotar alterações nas disposições legais, no que tange à atuação desse representante, sem retirar-lhe, contudo, a garantia de emprego (art. 510-D, § 3º, da CLT);

VIII – teletrabalho, regime de sobreaviso, e trabalho intermitente, tratados em outros textos deste livro;

IX – remuneração por produtividade, incluídas as gorjetas percebidas pelo empregado, e remuneração por desempenho individual, devendo ser dada bastante atenção aos limites da negociação relativa à remuneração por produtividade, que poderá abranger as formas de seu cálculo e de seu pagamento, e respectiva periodicidade. Quanto às gorjetas, remetemos a outro texto deste livro;

X – modalidade de registro de jornada de trabalho, ou seja, a negociação coletiva poderá cuidar apenas dos mecanismos de registro, mas jamais da eliminação do registro de jornada;

XI – troca do dia de feriado, tratando-se, a nosso ver, de medida altamente salutar, porque proporcionará o ajuste dos chamados *feriados prolongados*, atendendo, também, os interesses do trabalhador, sendo, em caso de trabalho em dia feriado, garantido o direito de compensação;

XII – enquadramento do grau de insalubridade e prorrogação de jornada em locais insalubres, incluída a possibilidade de contratação de perícia, afastada a licença prévia das autoridades competentes do Ministério do Trabalho, desde que respeitadas, na integralidade, as normas de saúde, higiene e segurança do trabalho previstas em lei ou em normas regulamentadoras do Ministério do Trabalho, que tem essa redação a partir da Medida Provisória n. 808/17. Da forma como se apresenta, cuida da possibilidade de perícia, mesmo afastando licença prévia do Ministério do Trabalho, preservando, o que é relevante, o respeito às regras de cuidam do trabalho saudável, inclusive as NRs do Ministério do Trabalho. Ademais, face à revogação do inciso XIII, continua a ser necessária a licença prévia do mesmo Ministério, para prorrogação de jornada em ambientes insalubres, nos termos do *caput* do art. 60 da CLT, superando-se, então, a aparente ofensa à Convenção n. 155 da OIT, que o Brasil ratificou.

XIV – prêmios de incentivo em bens ou serviços, eventualmente concedidos em programas de incentivo, que são liberalidades patronais;

XV – participação nos lucros ou resultados da empresa. Trata-se de direito constitucional (art. 7º, n. XI), que apareceu na Constituição de 1946 e somente foi regulamentado pela Lei n. 10.101/2000, e que acreditamos poderá ter mais êxito se decorrer de negociação coletiva do que por disposição legal.

São esses os direitos que podem, exemplificativamente, ser objeto de negociação coletiva, considerando a expressão *dentre outros*, que aparece no *caput* do art. 611-A.

Algumas considerações sobre alcance do que pode ser negociado nos levam, de plano, ao § 2º do art. 611-A, com a seguinte redação:

> § 2º A inexistência de expressa indicação de contrapartidas recíprocas em convenção coletiva ou acordo coletivo de trabalho não ensejará sua nulidade por não caracterizar um vício do negócio jurídico.

A interpretação deste dispositivo remete ao princípio da intervenção mínima na autonomia da vontade coletiva. No § 3º do art. 8º, é referido o art. 104 do Código Civil, onde se encontram os elementos de validade do ato jurídico (agente capaz; objeto lícito, possível, determinado ou determinável; e, forma prescrita ou não defesa em lei), os únicos que podem ser invocados para nulificar cláusula de norma coletiva. No entanto, é bem de ver que é impossível admitir cláusula violadora da dignidade humana ou que consagre um comportamento claramente ilícito.

No § 3º do art. 611-A, está previsto que, negociada cláusula que contemple redução de salário ou de jornada, também deve existir regramento destinado à proteção dos empregados contra dispensa imotivada durante o prazo de vigência do instrumento coletivo, sendo criado, assim, um mecanismo temporário de garantia do emprego.

O § 4º do art. 611-A dispõe:

> § 4º – Na hipótese de procedência de ação anulatória de cláusula de convenção coletiva ou de acordo coletivo de trabalho, quando houver a cláusula compensatória, esta deverá ser igualmente anulada, sem repetição do indébito.

Enquanto o § 2º do art. 611-A refere à ausência de cláusula compensatória, o § 4º trata da sua existência. E traz uma regra de reciprocidade: anulada uma cláusula, aquela compensatória terá o mesmo destino, destacando-se que os efeitos da anulação não são retroativos.

Por fim, o § 5º, na redação dada pela Medida Provisória n. 808/17, determina que, em ação coletiva, cujo objeto seja anular cláusula de norma coletiva, devem estar presentes os sindicatos que a negociaram, na condição de litisconsortes necessários. Em ação individual, no entanto, o dispositivo considera vedada a apreciação de matéria visando à anulação de cláusula desses instrumentos. Entendemos que se trata de impedir ao trabalhador, individualmente considerado, de buscar a proteção da Justiça contra determinado item de uma norma coletiva que lhe seja, por alguma razão, prejudicial. A vedação, a nosso ver, vai frontalmente contra o acesso ao juízo natural, previsto no art. 5º, n. XXXV, da Constituição.

Vejo nessa expressão *entre outros* a primeira *pegadinha* do legislador infraconstitucional.

2. A regra do art. 611-B

A segunda *pegadinha* é a expressão *exclusivamente* do art. 611-B da CLT. O *caput* desse artigo possui a seguinte redação:

> Art. 611-B. Constituem objeto ilícito de convenção coletiva ou de acordo coletivo de trabalho, exclusivamente, a supressão ou a redução dos seguintes direitos:... [segue-se a relação de direitos que quer proteger].

Basicamente, são repetidos os direitos consagrados nos arts. 7º, 8º e 9º, da Constituição. O perigo, que tem passado aparentemente desapercebido é a palavra *exclusivamente* que se encontra no dispositivo.

A razão do perigo é que a nulidade somente ocorre se constatada a pura e simples supressão ou redução de direitos. *Modus in rebus*, se houver alguma compensação ou contrapartida em tese inexistirá nulidade a proclamar.

Não se queira pretender dizer que os direitos trabalhistas insculpidos na Constituição são cláusulas pétreas e, por isso, imodificáveis. Não é bem assim e todo mundo sabe. Basta que se assista a uma audiência na Justiça do Trabalho de 1º grau e se constatará conciliações celebradas que, por vezes, representam menos de 10% do pedido inicial.

Com efeito, ao examinar o art. 611-A constatamos, nos §§ 2º e 4º, duas regras interessantes. No § 2º, ausente cláusula compensatória não significa que a cláusula inquinada seja declarada nula. Ela sobreviverá, salvo se violar o art. 104 do Código Civil. No § 4º, se uma cláusula for anulada, aquela que concedeu compensação também terá o mesmo destino, contemplando um critério de reciprocidade.

Fosse o art. 611-B redigido retirado o advérbio *exclusivamente,* teríamos exatamente o seguinte:

> Art. 611-B – Constituem objeto ilícito de convenção coletiva ou de acordo coletivo de trabalho a supressão ou a redução dos seguintes direitos.... [seguem-se os direitos]

Traduzindo: nenhum dos direitos enumerados no art. 611-B poderia ser objeto de norma coletiva autônoma, porque a cláusula que contemplasse qualquer deles de modo diverso seria nula, porque ilegal.

Porém, a inserção desse advérbio *exclusivamente* alterou completamente o sentido da oração. Pode significar que é ilícito suprimir ou reduzir direitos, salvo se alguma compensação ou contrapartida for oferecida em troca dessa supressão ou redução. Existindo contrapartida ou compensação, qualquer desses direitos pode ser suprimido ou reduzido.

Considerando a existência do advérbio no *caput* do art. 611-B e vendo a gravidade de seu alcance, devemos considerar como direitos sujeitos à legislação, mas não *exclusivamente* a ela, os que estão elencados no dispositivo em apreço.

Esses direitos, teoricamente inegociáveis, são os seguintes:

I – normas de identificação profissional, inclusive as anotações na Carteira de Trabalho e Previdência Social;

II – seguro-desemprego, em caso de desemprego involuntário;

III – valor dos depósitos mensais e da indenização rescisória do Fundo de Garantia do Tempo de Serviço (FGTS);

IV – salário mínimo;

V – valor nominal do décimo terceiro salário;

VI – remuneração do trabalho noturno superior à do diurno;

VII – proteção do salário na forma da lei, constituindo crime sua retenção dolosa;

VIII – salário-família;

IX – repouso semanal remunerado;

X – remuneração do serviço extraordinário superior, no mínimo, em 50% (cinquenta por cento) à do normal;

XI – número de dias de férias devidas ao empregado;

XII – gozo de férias anuais remuneradas com, pelo menos, um terço a mais do que o salário normal;

XIII – licença-maternidade com a duração mínima de cento e vinte dias;

XIV – licença-paternidade nos termos fixados em lei;

XV – proteção do mercado de trabalho da mulher, mediante incentivos específicos, nos termos da lei;

XVI – aviso-prévio proporcional ao tempo de serviço, sendo no mínimo de trinta dias, nos termos da lei;

XVII – normas de saúde, higiene e segurança do trabalho previstas em lei ou em normas regulamentadoras do Ministério do Trabalho;

XVIII – adicional de remuneração para as atividades penosas, insalubres ou perigosas;

XIX – aposentadoria;

XX – seguro contra acidentes de trabalho, a cargo do empregador;

XXI – ação, quanto aos créditos resultantes das relações de trabalho, com prazo prescricional de cinco anos para os trabalhadores urbanos e rurais, até o limite de dois anos após a extinção do contrato de trabalho;

XXII – proibição de qualquer discriminação no tocante a salário e critérios de admissão do trabalhador com deficiência;

XXIII – proibição de trabalho noturno, perigoso ou insalubre a menores de dezoito anos e de qualquer trabalho a menores de dezesseis anos, salvo na condição de aprendiz, a partir de quatorze anos;

XXIV – medidas de proteção legal de crianças e adolescentes;

XXV – igualdade de direitos entre o trabalhador com vínculo empregatício permanente e o trabalhador avulso;

XXVI – liberdade de associação profissional ou sindical do trabalhador, inclusive o direito de não sofrer, sem sua expressa e prévia anuência, qualquer cobrança ou desconto salarial estabelecidos em convenção coletiva ou acordo coletivo de trabalho;

XXVII – direito de greve, competindo aos trabalhadores decidir sobre a oportunidade de exercê-lo e sobre os interesses que devam por meio dele defender;

XXVIII – definição legal sobre os serviços ou atividades essenciais e disposições legais sobre o atendimento das necessidades inadiáveis da comunidade em caso de greve;

XXIX – tributos e outros créditos de terceiros;

XXX – as disposições previstas nos arts. 373-A, 390, 392, 392-A, 394, 394-A, 395, 396 e 400 da CLT, que são direitos referentes ao trabalho da mulher.

Essas duas *pegadinhas* devem ser vistas com muita atenção e extrema cautela, tanto por parte dos sindicatos de trabalhadores, que representam o lado mais fraco da negociação coletiva, como pelos magistrados do trabalho que deverão estar atentos a possíveis contrariedades aos comandos da Constituição.

É importante, no entanto, destacar, que devemos presumir que todos agem corretamente, donde é de supor que ninguém (patrão ou empregado) vá negociar de má-fé prejudicando um lado ou outro. É necessário que todos saibamos que a prevalência do negociado sobre o legislado não significa a prevalência do mal sobre o bem, mas do mais justo e adequado sobre o que pode ser prejudicial e danoso para a sociedade.

17. Pejotização

Um mecanismo moderno de contratação nos tempos atuais chama-se pejotização, que se trata de um meio legal de praticar uma ilegalidade, à medida em que se frauda o contrato de trabalho para descaracterizar a relação de emprego existente, mediante a regular criação de uma empresa (pessoa jurídica), que, se regular, só tem mesmo os procedimentos para seu surgimento. No fundo, mascara a verdadeira subordinação jurídica que continua a existir.

Ocorre em qualquer tipo de atividade, e não exclusivamente no trabalho intelectual, embora seja onde há maior incidência. Caracteriza-se pela exigência dos tomadores de serviços para que os trabalhadores (antes seus empregados, ou mesmo não tendo sido) constituam pessoas jurídicas como condição indispensável para a prestação dos serviços.

Não há apenas fraude à legislação trabalhista, inclusive com a inexistência de recolhimento para o FGTS, senão também às normas previdenciárias e tributárias, porquanto se frustram as contribuições para a previdência social de um lado, e os pagamentos de tributos em geral de outro.

Constatada essa prática, deve ser aplicada a teoria da desconsideração da pessoa jurídica, declarada a nulidade da contratação da pessoa jurídica e proclamada a configuração do vínculo empregatício do trabalhador com o tomador.

Em síntese, cria-se uma falsa pessoa jurídica, geralmente um ex-empregado, e o chamado *PJ* é contratado, como empresa, no lugar do ser humano, o verdadeiro empregado, que, na realidade, continuará, a rigor, nessa condição. Ao cabo, é o trabalho intelectual *pessoal* prestado por *pessoa jurídica*, e o art. 3º, parágrafo único, da CLT não distingue trabalho intelectual, técnico, manual e outros.

E por que isso? Porque, no Direito do Trabalho, prevalece o princípio da primazia da realidade, o *contrato-realidade* (De La Cueva). Resulta no adimplemento de todos os haveres trabalhistas do período de prestação dos serviços, bem como os respectivos reflexos previdenciários e tributários.

É certo que o trabalho intelectual pode ser prestado por pessoas jurídicas, como prevê o art. 129 da Lei n. 11.196/2005, mas o art. 50 do Código Civil permite que se proclame a nulidade de contratação quando verificado abuso da personalidade jurídica.

Como é razoavelmente recente no Brasil, deveria ser elaborada uma lei sobre pejotização, que esteja consentânea com o momento presente do novo mundo do trabalho, sem esquecer a condição do trabalhador na relação jurídica que se estabelece.

As alterações operadas com a Lei n. 13.467/17 e a Medida Provisória n. 808/17 na CLT trouxeram um triste sinal: existem claros indícios de ser tentado o incremento da pejotização no Brasil, de modo bastante patente. É o que se infere do novo art. 442-B consolidado, com a redação dada pela Medida Provisória n. 808/17, dispondo que:

> Art. 442-B – A contratação do autônomo, cumpridas por este todas as formalidades legais, de forma contínua ou não, afasta a qualidade de empregado prevista no art. 3º desta Consolidação.

Este dispositivo significa que, ao celebrar um contrato de trabalho onde esteja consignada a condição de *autônomo*, atribuindo ao contratado liberdade para atuar na atividade objeto do pacto, seja apenas para o contratante ou não (o § 1º veda cláusula de exclusividade, e o § 2º afasta a qualidade de empregado se for apenas um contratante), de permanente ou de modo descontínuo, o trabalhador será considerado autônomo. Em outras palavras, poderá ter que possuir um CNPJ e emitir notas fiscais de serviço. E isso pode se aplicar também se, no contrato, forem fixadas regras para o trabalho, como uso de uniforme, cumprimento de horário de trabalho etc.

No entanto, e aqui está ponto a nosso ver de altíssima relevância, o trabalhador pejotizado não se submete a esse tipo de pactuação para se conservar na condição de autônomo. Submete-se, sim, para obter meios de sobrevivência digna. Aceita ser um *PJ*, traveste-se de empresa individual privada, transforma-se em um MEI (Microempreendedor Individual), e nada mais é do que um simples e comum empregado. Isto ocorre, sobretudo no meio artístico e das mídias em geral, quando as empresas de comunicação contratam profissionais dessa área (jornalistas, artistas e assemelhados) na condição de *PJs*, pagam-lhes *pro labore* elevado, proporcionam que adquiram prestígio na comunidade e por fim os dispensam, sem que, pelo trabalho dispendido, recebam qualquer indenização, além da contrapartida pecuniária pela atividade desenvolvida e a fama e seus frutos dela decorrentes.

Em muitos casos, o trabalhador empregado é dispensado em um dia, com a baixa em sua CTPS, e contratado como PJ no dia seguinte. O que fazia antes (como empregado) é a mesma coisa que continua a fazer como *PJ*: está aí a fraude.

Com isso, esses profissionais, alguns com idade mais avançada e dificuldade de acesso ao mercado de trabalho, ficam absolutamente carentes de proteção, buscando o amparo da Justiça do Trabalho que, constatando a existência de subordinação jurídica, nos precisos termos do § 6º do art. 442-A da CLT, deve proclamar a fraude dessa contratação e reconhecer esse trabalhador como empregado subordinado de quem lhe toma o serviço.

18. Preposto Empregado ou Não?

A CLT, que foi aprovada no governo Vargas em 1943, desde sempre contém o seguinte dispositivo:

> Art. 843 – (*omissis*)
>
> § 1º – É facultado ao empregador fazer-se substituir pelo gerente, ou qualquer outro preposto que tenha conhecimento do fato, e cujas declarações obrigarão o proponente.

Em seguida, o § 2º, cuidando da ausência do empregado, afirma:

> § 2º Se por doença ou qualquer outro motivo poderoso, devidamente comprovado, não for possível ao empregado comparecer pessoalmente, poderá fazer-se representar por outro empregado que pertença à mesma profissão, ou pelo seu sindicato.

A jurisprudência do TST, com o tempo, foi limitando essa liberalidade da legislação, que entendia que qualquer pessoa que soubesse dos fatos poderia representar o empregador. Inicialmente, em 1997, a Orientação Jurisprudencial (OJ) n. 99, da SBDI-1, passou a interpretar que, salvo reclamação de empregado doméstico, o preposto deveria ser empregado do reclamado.

Esse entendimento acabou se transformando na Súmula n. 377 que, na redação adotada em 2008, passou a dispor o seguinte:

> Súmula n. 377 – Preposto. Exigência da condição de empregado: Exceto quanto à reclamação de empregado doméstico, ou contra micro ou pequeno empresário, o preposto deve ser necessariamente empregado do reclamado. Inteligência do art. 843, § 1º, da CLT e do art. 54 da Lei Complementar n. 123, de 14 de dezembro de 2006.

Com essa posição, passou a ser recomendável a adoção, pelas instâncias inferiores (Tribunais Regionais do Trabalho e Varas do Trabalho), desse entendimento, considerando que decisões violadoras de Súmulas do TST ensejam a interposição de recurso de revista (art. 896, *a*, da CLT).

Dessa forma, a interpretação da Corte Superior trabalhista rigorosamente foi além do preceito consolidado, e, conforme a Súmula n. 377, a Justiça do Trabalho passou a admitir como preposto apenas aquele que fosse empregado do reclamado, salvo em caso de empregado doméstico e de micro e pequeno empresário.

Se é certo que, no âmbito da pequena e da micro empresa, o número de outros empregados é reduzido, mais ainda quando se trata de emprego doméstico, onde, salvo exceções, existe apenas um único empregado, e os demais são os moradores da residência. E esse único pode ser o próprio reclamante.

Porém, a CLT rigorosamente não exige que o preposto seja empregado de ninguém. Recomenda que tenha conhecimento dos fatos, e apenas recomenda, sequer exige. E alerta que o que o preposto declarar obrigará o proponente, ou seja, suas declarações são como se tivessem sido feitas pessoalmente pelo empregador, a quem ele representa.

Ainda recentemente, o TST decidiu no sentido de que o preposto deve ser empregado, aplicando a confissão ficta a uma reclamada porque estivera representada em audiência por preposto não empregado (RR-439800-33.2007.5.09.0071, rel. Min. Lélio Bentes Corrêa).

A partir da entrada em vigor das alterações introduzidas pela Lei n. 13.467, de 13.7.2017, na CLT, o preposto não precisa mais ser empregado do reclamado. É que ao art. 843 da CLT foi acrescentado o § 3º, esclarecendo o alcance do § 1º, ensejador da Súmula n. 377. Essa regra, de modo expresso, registra:

§ 3º O preposto a que se refere o § 1º deste artigo não precisa ser empregado da parte reclamada.

Devemos acreditar que, assim, serão evitados muitos prejuízos na fase de instrução dos feitos trabalhistas, merecendo observar que, agora, ainda que ausente reclamado ou seu preposto, seu advogado poderá apresentar a contestação e juntar os documentos que tiver a apresentar. É a nova regra do § 5º do art. 844 da CLT.

Relativamente ao preposto que não precisa ser empregado, está surgindo uma nova profissão no mercado, o preposto profissional, e, a partir dessa constatação, a Justiça do Trabalho deverá redobrar atenções no sentido de verificar até que ponto essa tipo de *profissional* não poderá ser abrangido pelas regras atinentes a atos atentatórios à dignidade da Justiça (art. 77 do CPC) e a prática de atos de litigância de má-fé (art. 793-A e seguintes da CLT).

19. Quitação Trabalhista

Um dos pesadelos patronais é a quitação trabalhista. Não raro, os patrões reclamam que, depois de pagarem as rescisões contratuais de seus empregados, eram levados à Justiça do Trabalho e, ali, pagavam outra vez.

Na verdade, não pagavam outra vez. Apenas, perante o Judiciário, estavam pagando o correto. E por que isso? Porque a lei ainda previa que todo empregado com mais de um ano de casa somente pode ser dispensado com sua rescisão sendo homologada ou perante seu sindicato de classe ou uma autoridade do Ministério do Trabalho (art. 477, § 1º, da CLT).

Nesse momento, no sindicato, costumeiramente, era aposto um carimbo, no verso do Termo de Rescisão do Contrato de Trabalho (TRCT), ressalvando direitos a maior. Aí o trabalhador garantia direito de reclamar outros créditos e valores na Justiça do Trabalho. Assim é porque a Súmula n. 330 do TST dispõe (ainda):

> Súmula n. 330 – QUITAÇÃO. VALIDADE – A quitação passada pelo empregado, com assistência de entidade sindical de sua categoria, ao empregador, com observância dos requisitos exigidos nos parágrafos do art. 477 da CLT, tem eficácia liberatória em relação às parcelas expressamente consignadas no recibo, salvo se oposta ressalva expressa e especificada ao valor dado à parcela ou parcelas impugnadas.
>
> I – A quitação não abrange parcelas não consignadas no recibo de quitação e, consequentemente, seus reflexos em outras parcelas, ainda que estas constem desse recibo.
>
> II – Quanto a direitos que deveriam ter sido satisfeitos durante a vigência do contrato de trabalho, a quitação é válida em relação ao período expressamente consignado no recibo de quitação.

Porém, com as modificações da CLT, introduzidas pela Lei n. 13.467/17, esses critérios sofreram profunda mudança.

O que desperta atenção não é a dispensa da homologação do TRCT, mas o termo de quitação anual. É que o art. 507-B cria uma faculdade a ambas as partes (patrão e empregado) que poderão, na vigência ou não do contrato, firmar termo de quitação anual de obrigações trabalhistas perante o sindicato de trabalhadores da categoria do empregado, termo esse que, segundo o parágrafo único, *discriminará as obrigações de dar e fazer cumpridas mensalmente e dele constará a quitação anual dada pelo empregado, com eficácia liberatória das parcelas nele especificadas.*

Isto que dizer que, anualmente, o patrão levará o empregado ao sindicato de trabalhadores e lá ambos assinarão um termo declarando que está tudo quitado referente ao ano findo e, pelo menos em tese, o empregador não terá mais problemas perante o Judiciário. Aí vem uma pergunta: haverá empregado que, querendo garantir seu emprego, vai se recusar a aceitar dar a quitação anual ao patrão? Nem é preciso procurar resposta porque é evidente que essa norma é altamente prejudicial ao trabalhador.

Guardando essa quitação anual, temos a rescisão ao final do contrato. No passado, era indispensável ser, se contasse com mais de um ano de casa, homologado no sindicato ou no Ministério do Trabalho. A partir de novembro de 2017, a sistemática foi alterada porque os §§ 1º e 3º do art. 477 da CLT foram revogados e, não havendo necessidade de homologação, consequentemente não existirá mais a famosa ressalva. Bastará ao empregador comunicar às autoridades competentes a dispensa (art. 477), e, em 10 dias do final do contrato, pagar as verbas rescisórias (§ 6º). Deverá, ainda, dar baixa na CTPS e entregar as guias de saque do FGTS e do seguro-desemprego ou o comprovante de comunicação do Ministério do Trabalho, que suprirá aqueles (§ 10).

Ora, se existirá a quitação anual e a rescisão do contrato não depende de homologação, o trabalhador terá direito a alguma diferença posteriormente?

Esse questionamento será respondido nos dias que se seguirem à entrada em vigor das mudanças. Uma coisa, porém, parece certo: um empregado com cinco anos de casa, com quatro anos quitados mediante o termo anual (art. 507-B), terá apenas os direitos ao quinto e último ano para reclamar, porque a lei não fala em quitação desse período derradeiro (art. 477). Os demais, aparentemente, estarão quitados (art. 507-B da CLT).

Para os admitidos antes da vigência da reforma, não há falar em quitação anual anterior à lei, que é só para quem for admitido posteriormente. Desde novembro de 2017, todos, porém, podem quitar anualmente, inclusive os empregados anteriores. Quanto à rescisão, também desde novembro, não há mais homologação para todos os empregados dispensados a partir da vigência das novas regras.

O dia a dia dessa prática certamente suscitará muitas e graves questões, cabendo aos sindicatos de trabalhadores, se for o caso, a tarefa de negociar normas coletivas que estipulem elementos complementares a esse respeito.

20. Rescisão por Acordo

Dentre as reformas da CLT, que a Lei n. 13.467/17 introduziu, existe uma que é de interesse comum a empregados e patrões. Trata-se da extinção do contrato de trabalho por acordo.

Significa, em outros termos, que, desde novembro de 2017, quando as mudanças começaram a vigorar, o empregado pode ser dispensado acordando com o empregador as condições dessa saída.

Anteriormente, existiam quatro formas básicas de rompimento do contrato. Ou o empregado era dispensado por decisão do patrão, que pagava seus direitos e findava o contrato. Ou o empregado pedia dispensa e recebia apenas algumas parcelas, mas não poderia sacar os valores depositados em sua conta vinculada de FGTS, nem receber os 40% desse montante, nem aviso-prévio (ao contrário, ele é quem deve pré-avisar o patrão). A terceira forma era a dispensa motivada, quando o empregado praticava uma falta grave e era dispensado por justa causa. A última era a despedida indireta quando o empregador praticava atos que podiam ensejar o reconhecimento dessa saída forçada do empregado que, assim, receberia todos os créditos que faz jus.

Essas modalidades não mudaram e continuam a existir plenamente. Porém, desde novembro, temos uma quinta forma de finalização do contrato: o rompimento do vínculo por acordo entre empregador e empregador, como dispõe o art. 484-A da CLT.

Esse fim de contrato de trabalho não exige nenhuma solenidade, ao contrário de outros países (Argentina, por exemplo), que recomendam a oitiva da autoridade competente. Nessa modalidade, basta a simples vontade das partes, manifestada uma a outra, nada mais, embora não exista empecilho para que, no futuro, venha a ser recomendável que esse acordo seja homologado pela Justiça do Trabalho, porque, em sendo extrajudicial, estará albergado pelo art. 855-B da CLT.

Por outro lado, entendemos que não se trata de estabelecer qualquer relação com os diversos PDVs ou PDIs (planos de demissão voluntária ou desligamento incentivado), que, no âmbito federal, é um sistema regido pela Lei n. 9.468/97. Esses planos são utilizados pelas empresas para enxugar seu quadro de pessoal, otimizar seus custos e racionalizar sua gestão, nada tendo a ver com os débitos trabalhistas eventualmente existentes porque são limitados apenas aos valores que constam dos respectivos termos rescisórios.

Não devemos confundir adesão a PDVs ou PDIs com rescisão por acordo porque, neste, não são oferecidas outras garantias ou benefícios incentivados, que ocorrem naqueles, tipo assistência médica por um determinado período, complementação de previdência privada complementar etc.

Com efeito, essa nova modalidade de extinção do vínculo empregatício é aplicável aos contratos por prazo indeterminado. Aos demais contratos (por prazo determinado, inclusive o de experiência) existem regras próprias e não abrangem essa nova forma.

O empregador deverá, havendo acordo para a dispensa, pagar ao empregado que estará saindo, todos os seus direitos trabalhistas (férias vencidas e não gozadas e férias proporcionais; 13º salários vencido e proporcional; e, se houver, horas extras, saldo de salário, adicionais diversos etc.).

O aviso-prévio será pago, mas não integralmente. Será devido pela metade, se for indenizado. Como a lei é omissa quanto ao aviso-prévio trabalhado, entendemos que esse período deve ser, por analogia, também cumprido pela metade.

Não haverá pagamento da multa de 40% do saldo da conta vinculada do FGTS, que ocorre nos casos de dispensa sem justa causa. O empregado, neste tipo de rescisão, receberá metade do valor, ou seja, 20% dos valores depositados na conta de FGTS do trabalhador. No que refere propriamente aos valores que se encontram depositados nessa conta, o trabalhador poderá movimentar 80% do total depositado.

Não terá o empregado que sai da empresa por acordo direito ao seguro-desemprego, como expressamente está no art. 484-A, § 2º, da CLT.

Enfim, é boa essa mudança? Acreditamos que sim. Pelo menos, a partir de agora, não haverá mais que se falar em o próprio empregado efetuar o depósito de 40% do FGTS na conta do empregador e fazer *de conta* que recebe esse montante no momento da rescisão, como é bastante comum acontecer na prática, para poder ter direito aos demais créditos.

Ademais, resolve-se, de uma vez por todas, uma disputa desnecessária e facilita-se a vida de ambos: do empregado, que pode sair a procura de novo emprego, e do patrão, que pode ficar mais tranquilo sem ter que se preocupar, durante pelo menos dois anos e com relação a esse seu ex-empregado, com possíveis reclamações na Justiça do Trabalho.

21. Teletrabalho

Dispõe o art. 75-B da CLT, na redação dada pela Lei n. 13.467/17:

> Art. 75-B – Considera-se teletrabalho a prestação de serviços preponderantemente fora das dependências do empregador, com a utilização de tecnologias de informação e de comunicação que, por sua natureza, não se constituam como trabalho externo.

Acrescentando:

> Parágrafo único. O comparecimento às dependências do empregador para a realização de atividades específicas que exijam a presença do empregado no estabelecimento não descaracteriza o regime de teletrabalho.

Temos pelo menos três situações mais comuns realização de teletrabalho no Brasil: 1) em telecentros (tipo *lan house* ou *cyber cafe*); 2) na casa do próprio teletrabalhador; e, 3) nas dependências do empregador.

O art. 75-C da CLT determina que deve ser consignado expressa e claramente, no contrato de trabalho, que a prestação de serviços será dada nessa modalidade, especificando as atividades que o empregado vai desenvolver e a alteração entre regime presencial e de teletrabalho poderá ser realizada desde que exista acordo de ambas as partes, registrado no contrato de trabalho em aditivo. O inverso decorrerá de determinação patronal apenas.

A CLT deixou às partes (empregador e teletrabalhador) a fixação da responsabilidade pela forma de desenvolver o trabalho, na forma do art. 75-D. Com efeito, o contrato de trabalho deve registrar as atribuições e responsabilidades de cada parte pela aquisição, manutenção e fornecimento dos equipamentos tecnológicos e da infraestrutura necessária e adequada à realização do teletrabalho, importando em admitir que poderá o empregador-contratante estabelecer com o empregado-contratado a quem incumbe fornecer esses elementos, sem que qualquer dessas utilidades integre a remuneração do empregado, Se for do empregado o ônus de adquirir os bens necessários a desenvolver seu mister, o contrato de trabalho também deverá prever o reembolso das despesas arcadas pelo trabalhador.

O art. 75-E revela que cabe ao empregador *instruir os empregados, de maneira expressa e ostensiva, quanto às precauções a tomar a fim de evitar doenças e acidentes de trabalho*, devendo o trabalhador *assinar termo de responsabilidade comprometendo-se a seguir as instruções fornecidas pelo empregador*.

Note-se que a responsabilidade patronal termina na etapa de instrução, sendo desonerado de fiscalizar a atividade do empregado, de atuar com controlador do uso dos equipamentos de proteção individual e similares. Isto evidentemente que não é bom e o próprio termo de responsabilidade poderá ser judicialmente questionado.

Deve ser observado rigor na jornada de trabalho do teletrabalhador. Sua exposição demorada, sem intervalos, perante a tela do monitor, e a mesma postura por sucessivas horas, poderá trazer graves danos à saúde. Assim, é certo que a jornada regular de todo o trabalhador é a mesma do que estamos examinando, porém, neste caso, não deve ser esquecido o disposto no parágrafo único do art. 6º da CLT, introduzido pela Lei n. 12.551/2011, que veda a distinção também com o trabalho que se realize pessoal ou virtualmente.

Embora destinado à caracterização da relação de emprego, a celebração de um contrato de trabalho específico, preferencialmente por escrito, com todas as condições explicitadas minuciosamente, especialmente as relativas a jornada de trabalho e a questões ergonômicas, é recomendável.

Desde novembro de 2017, com a vigência das modificações introduzidas na CLT, ao teletrabalhador não se aplica o regime de jornada de trabalho comum aos demais. É que o art. 62, III, exclui o teletrabalhador dessa proteção, embora seja perfeitamente possível controlar a jornada de trabalho de um trabalhador remoto, utilizando os próprios meios tecnológicos que a informática possui.

Por fim, devem ser observadas medidas preventivas para a saúde do obreiro. Nos telecentros, é adequada a prévia aprovação das instalações pela autoridade competente em matéria de segurança, saúde, higiene e medicina do trabalho (art. 160 da CLT). Ademais, deve o empregado ser submetido a exames admissional, periódicos e demissional, e haver o fornecimento de Equipamento de Proteção Individual (EPI), conforme o art. 167 e parágrafos da CLT e a NR-7. Na mesma linha, indispensável informar ao empregado os riscos da atividade e dos equipamentos utilizados, consoante prevêem os arts. 19, § 3º, da Lei n. 8.213/91, e 182, II, e 197, da CLT, todos compatíveis com a regra do art. 75-E da CLT.

Vejamos os locais onde essa atividade pode ser desenvolvida e como devem ser exercidas as tarefas.

Os locais podem ser variados: telecentros, a própria empresa, a residência do teletrabalhador.

Sendo o teletrabalho desempenhado em telecentros disponibilizados pelo empregador, deve ser observado o art. 171 CLT, quanto às edificações, e o art. 175 da CLT e a NR-17 quanto à iluminação. Quanto à ventilação (natural ou artificial), a regra é a do art. 176 e seguintes da CLT. São dispositivos que continuam em vigor.

Sendo desenvolvidas na casa do teletrabalhador, convém o empregador averiguar, antes da contratação, se o local atende as exigências legais ou não coloca em risco a saúde e segurança do futuro empregado. Não estando em condições, o melhor é não contratar o empregado. Essa regra deve ser aplicada aos telecentros que não são de propriedade do empregador ou estejam fora de seu controle.

As instalações elétricas nos telecentros devem considerar que foram feitas por um profissional habilitado (art. 180 da CLT), possuindo pessoas capazes de atender empregados ou terceiros vítimas de acidentes por choque elétrico (art. 181 da CLT). Todas as prevenções cautelares devem ser tomadas (isolamento, aterramento, proteção contra fogo etc.).

Sendo o teletrabalho desenvolvido na residência do empregado, como lembramos anteriormente, e sendo indispensável a contratação desse profissional, deve o empregador avaliar as condições do local, adotar medidas adequadas de segurança e, por cautela, proporcionar a seu empregado curso de segurança do trabalho, onde aprenda a manusear materiais de primeiros socorros e atender vítimas de descargas e choques elétricos.

No que refere a máquinas e equipamentos, seja em telecentros, seja na residência do teletrabalhador, deve o empregador fornecer os equipamentos necessários (art. 458, § 2º, da CLT), observando as regras dos arts. 184 e 185 da CLT, bem como é recomendável a realização, às expensas do empregador, de curso para o correto manuseio, reparo e ajuste desse material. Esse fornecimento, todavia, deverá observar o regramento previsto no art. 75-D, no que tange ao possível reembolso por despesas efetuadas pelo teletrabalhador, destacando que esse trabalho pode ser realizado com uso de *tablets*, computadores portáteis, telefones e outros meios informatizados.

Um dos grandes problemas do teletrabalho está diretamente ligado à ergonomia, e às lesões de efeito repetitivo (LER). O tema é objeto da NR-17 e dos arts. 198, 390 e 405, § 5º, da CLT. A questão, aqui, gira em torno da postura correta do empregado, que permanecerá sentado por longas horas, diante de um computador, movimentando apenas seus braços e mãos, daí a necessidade de poltronas, mesas, cadeiras, teclados, telas de monitores protegidas para não lhe causar dano à saúde, especialmente à visão e à postura corporal. E, nesse caso, pouco importa se o trabalho é desenvolvido em telecentros ou na residência do obreiro. Em ambos, essas providências devem ser atendidas.

Em resumo, esses todos são aspectos relevantes desse tipo de trabalho que é uma forma de trabalho flexível, apresentando uma relação triangular (assalariado + empresa + novas tecnologias). Com o teletrabalho, surgiu o trabalhador virtual, para tentar minimizar os problemas do desemprego estrutural, acerca do qual escrevi anos atrás [15], e que pode ser chamado, também, de trabalho remoto ou trabalho a distância, e ainda de telessubordinação ou da teledisponibilidade.

Existem países com legislação adiantada em termos de teletrabalho. É o caso de Portugal e Itália, e é praticado intensamente nos Estados Unidos da América, Alemanha, Austrália, Canadá, Países-Baixos, Japão e Grã-Bretanha, dentre outros.

No Brasil, o Projeto de Lei n. 4.505, de 2008, pretendeu regulamentar o trabalho a distância, conceituando e disciplinando as relações de teletrabalho, e continua tramitando no Congresso Nacional, mas perdeu razão de ser, porque, como verificamos, a Lei n. 13.467/17 trouxe regramentos, inseridos na CLT, que, salvo ajustes que poderão ser feitos no futuro, atendem às expectativas brasileiras.

---

(15) V. nosso *Globalização e desemprego*. São Paulo: LTr, 2001.

22. Tempo Parcial

As mudanças introduzidas na CLT pela Lei n. 13.467/17 atingiram, também, o contrato de trabalho em regime de tempo parcial, que possui menor duração semanal que o contrato regular. É o regime conhecido como *part time*, mais uma forma precarizadora do trabalho humano.

Atualmente, a duração da jornada de trabalho em tempo parcial passou para até vinte e seis ou trinta horas semanais, podendo ou não haver acréscimo de horas suplementares semanais, de acordo com o art. 58-A, sendo revogados os arts. 59, § 4º, 130-A e parágrafo único, e 143, § 3º, todos da CLT.

O salário a ser pago aos empregados nessas condições é proporcional à sua jornada, em relação aos empregados que cumprem, nas mesmas funções, tempo integral, permitida aos atuais empregados a opção por esse regime, mediante manifestação ao empregador, como previsto em norma coletiva (art. 58-A, §§ 1º e 2º, da CLT).

Relativamente às férias, ao contrário da regra pretérita, o § 7º do art. 58-A estende ao trabalhador contratado nessas condições as mesmas regras do art. 130 da CLT. Trata-se de uma medida bastante expressiva e justa, porque dá a esse tipo de empregado as mesmas garantias daquele de jornada normal, pelo menos no que refere a férias, inclusive a possibilidade de converter um terço do período em abono pecuniário (§ 6º), tendo sido revogado o art. 143, § 3º, da CLT.

A proporção que existia anteriormente, então, não existe mais para o empregado em regime de trabalho em tempo parcial, que poderá ser incluído nas férias coletivas que forem concedidas aos demais empregados.

A norma consolidada prevê que os empregados submetidos a esse regime podem prestar horas suplementares, em decorrência da revogação do § 4º do art. 59 da CLT, que proibia essa prática.

Nesse aspecto, é necessário distinguir duas situações. A primeira é relativa ao contrato com jornada semanal de trinta horas, quando não é possível a prestação de horas suplementares semanais. A segunda cuida de contratação com jornada semanal de até vinte e seis horas, permitindo o acréscimo de até seis horas extras por semana (art. 58-A, *caput*, da CLT), regra aplicável também para os contratos com jornada semanal menor que vinte e seis horas (§ 4º).

Em qualquer situação, cada hora extraordinária sofrerá acréscimo de 50% sobre o valor da hora normal (art. 59, § 3º), podendo esse excesso de jornada ser compensado diretamente até a semana imediatamente posterior à da sua execução, ou quitada na folha de pagamento do mês subsequente, caso inexista compensação (art. 59, § 5º)

A adoção do regime de tempo parcial será feita mediante opção dos atuais empregados, manifestada perante a empresa, na forma prevista em instrumento decorrente de negociação coletiva, ou contratação de novos empregados sob este regime (art. 58-A, § 2º).

Os trabalhadores que integrarem o regime de contrato de trabalho em tempo parcial farão jus ao benefício do décimo terceiro salário, na proporcionalidade da carga horária e dos salários recebidos, conforme o art. 7º, VIII, da Constituição de 1988.

23. Terceirização

A terceirização, que equivale a *outsourcing* do inglês, significando, literalmente, fornecimento vindo de fora, e que ocorre quando o trabalho é desenvolvido dentro de uma empresa por outra com autonomia. Seu surgimento ocorreu com o moderno capitalismo, ao final da segunda grande guerra mundial, nas indústrias bélicas dos Estados Unidos da América, quando apenas a produção de armas e munições ficou atribuída a elas porque sua atividade-fim. As demais atividades, chamadas atividades-meio, passaram a ser desempenhadas por empresas contratadas.

A partir de agora, qualquer atividade pode ser terceirizada e exercida pela empresa principal ou por outras empresas contratadas para essa finalidade. Significa que podem ser terceirizadas três tipos de atividades: meio, inerente e fim.

A atividade-meio não é a essência da empresa para ela funcionar. É aquela não essencial, secundária, complementar, as atividades que objetivam completar as principais constantes em seus objetivos sociais, mas, note-se, sem as quais o fim não será adequadamente alcançado. Geralmente são atividades de segurança, manutenção e limpeza, e costumam ser terceirizadas.

As atividades inerentes são aquelas em que a empresa contrata outra com seus empregados para intermediar seus serviços, como venda de aparelho de telefone, colocação de postes de energia elétrica etc.

A atividade-fim é a própria essência da empresa. São aquelas que, geralmente, estão descritas na cláusula objeto de seu contrato social, como fundamentais a sua existência mesma. Assim, numa rede de supermercados, caixas, repositores, embaladores; numa construtora, pedreiros, carpinteiros, pintores, que, a partir de agora, podem ser terceirizados.

Os concursos públicos não são afetados. A terceirização não se destina a cargos ou funções públicas, mas apenas a empregos públicos. Ou seja, pode ocorrer terceirização em paraestatais (empresas públicas e sociedades de economia mista), mas os concursos públicos continuarão por força do art. 37 da Constituição.

Esse mecanismo existe em muitos países do mundo. Na Europa: Alemanha, Bélgica, Holanda, Noruega e Suécia. Na América, Peru, Costa Rica e Colômbia. Na Ásia, Japão e China. Na Oceania, Austrália. O Brasil está se alinhando a esse fenômeno mundial.

Por *terceirização*, então, devemos entender a contratação para prestação de serviços de uma pessoa física (profissional autônomo) ou jurídica (empresa especializada), para realizar determinadas atividades de que necessite, sem que possua os elementos naturais de relação de emprego, tais como subordinação, habitualidade, horário, pessoalidade e salário. No Brasil, desde a reforma da Lei n. 13.429/17, é possível até mesmo a terceirização das chamadas atividades-fim. Outra mudança foi a introduzida pela Lei n. 13.467/17, que começou a vigorar em 11 de novembro de 2017.

A terceirização da atividade-fim é certamente a mais criticável. Acha-se prevista no art. 4-A da Lei n. 6.019/74:

> Art. 4º-A. Considera-se prestação de serviços a terceiros a transferência feita pela contratante da execução de quaisquer de suas atividades, inclusive sua atividade principal, à pessoa jurídica de direito privado prestadora de serviços que possua capacidade econômica compatível com a sua execução.

A remuneração dos terceirizados deve ser a mesma dos efetivos, mas não se trata de uma garantia, senão mera faculdade entre contratante e contratada que *poderão estabelecer, se assim entenderem, que os empregados da contratada farão jus a salário equivalente ao pago aos empregados da contratante* (§ 2º do art. 4-C). Note-se que é apenas possibilidade de equivalência e não de igualdade.

Alguns Regionais possuem jurisprudência mais abrangente e mais adequada, tratando com igualdade os iguais. Na 8ª Região da Justiça do Trabalho (Pará e Amapá), duas súmulas cuidam da matéria (ns. 8 e 52). A n. 52 dispõe:

> Súmula n. 52 – Terceirização. Identidade de função entre os empregados da prestadora e da tomadora de serviços. Direito aos mesmos benefícios. Obediência ao princípio constitucional da isonomia. Art. 12, *"a"*, da Lei n. 6.019/1974 – Independentemente da licitude na terceirização, é devida aos empregados das prestadoras de serviços <u>a mesma remuneração e as mesmas vantagens</u> concedidas aos empregados da tomadora de serviços, desde que constatada a similaridade nos serviços e atividades desempenhadas, em obediência ao princípio constitucional da isonomia, garantida, em qualquer hipótese, a percepção do salário mínimo regional e por aplicação do disposto no art. 12, alínea *"a"*, da Lei n. 6.019, de 3.1.1974, e não o previsto no art. 461 da CLT. (grifamos).

A Súmula n. 8 conserva a regra similar destinada às empresas públicas e sociedades de economia mista, consignando:

> Súmula n. 8 – Isonomia salarial entre empregado de empresa terceirizada e os integrantes da categoria profissional da tomadora dos serviços. Empresas públicas ou sociedade de economia mista – A contratação irregular de trabalhador, mediante empresa interposta, não gera vínculo de emprego com a empresa pública ou sociedade de economia mista, porém a impossibilidade de se formar a relação empregatícia não afasta o direito do trabalhador terceirizado às mesmas verbas trabalhistas legais e normativas asseguradas ao empregado que cumpre função idêntica nas tomadoras.

Ou admite-se essa igualdade ou poderia ser enfrentada uma arguição de inconstitucionalidade, porque estaria sendo violado o *caput* do art. 5º da Constituição, quando proíbe discriminação de qualquer natureza.

A responsabilidade subsidiária é uma preocupação constante, considerando que algumas empresas prestadoras de serviço nem sempre possuem idoneidade financeira bastante para responder pelos direitos trabalhistas de seus empregados terceirizados. Assim, conservam-se os expressos termos da Súmula n. 331, n. IV, do TST. Sendo inadimplente a empresa prestadora de serviços, a condenação será sobre a tomadora.

É exatamente a Súmula n. 311 que, jurisprudencialmente, traça o entendimento dominante sobre terceirização, em seus seis incisos, a seguir transcritos:

SÚMULA N. 331. CONTRATO DE PRESTAÇÃO DE SERVIÇOS. LEGALIDADE

I – A contratação de trabalhadores por empresa interposta é ilegal, formando-se o vínculo diretamente com o tomador dos serviços, salvo no caso de trabalho temporário (Lei n. 6.019, de 3.1.1974).

II – A contratação irregular de trabalhador, mediante empresa interposta, não gera vínculo de emprego com os órgãos da Administração Pública direta, indireta ou fundacional (art. 37, II, da CF/1988).

III – Não forma vínculo de emprego com o tomador a contratação de serviços de vigilância (Lei n. 7.102, de 20.6.1983) e de conservação e limpeza, bem como a de serviços especializados ligados à atividade-meio do tomador, desde que inexistente a pessoalidade e a subordinação direta.

IV – O inadimplemento das obrigações trabalhistas, por parte do empregador, implica a responsabilidade subsidiária do tomador dos serviços quanto àquelas obrigações, desde que haja participado da relação processual e conste também do título executivo judicial.

V – Os entes integrantes da Administração Pública direta e indireta respondem subsidiariamente, nas mesmas condições do item IV, caso evidenciada a sua conduta culposa no cumprimento das obrigações da Lei n. 8.666, de 21.6.1993, especialmente na fiscalização do cumprimento das obrigações contratuais e legais da prestadora de serviço como empregadora. A aludida responsabilidade não decorre de mero inadimplemento das obrigações trabalhistas assumidas pela empresa regularmente contratada.

VI – A responsabilidade subsidiária do tomador de serviços abrange todas as verbas decorrentes da condenação referentes ao período da prestação laboral.

Entendemos que o n. I da Súmula n. 331, aparentemente incompatível com a legislação adotada sobre terceirização no Brasil, é com ela perfeitamente conciliável, porque se as regras brasileiras sobre a matéria forem violadas, ensejarão a aplicação da Súmula, e o vínculo empregatício será com o tomador de serviços (n. I). Nos casos de vigilância, conservação e limpeza o vínculo será com o tomador desde que caracterizada subordinação direta e prestação pessoal do trabalho (inciso III), o tomador é responsável subsidiário pelo inadimplemento da empresa prestadora (inciso IV), que abrange todo o período trabalhado (inciso VI). A Administração Pública, todavia, somente será responsabilizada se houver prova de ter agido culposamente, sobretudo na fiscalização dos serviços da terceirizada (inciso V).

Os empregados das empresas prestadoras de serviço, quando e enquanto seus serviços estiverem sendo prestados nas suas dependências, terão os mesmos direitos dos efetivos quanto aos seguintes benefícios, previstos no art. 4º-C:

• alimentação garantida aos empregados da contratante, se oferecida em refeitórios;

• utilização de serviços de transporte;

• atendimento médico ou ambulatorial se existente nas dependências da contratante ou local por ela designado; e,

• treinamento adequado, fornecido pela contratada, quando a atividade o exigir.

Além disso, quanto às condições sanitárias, é garantido ao trabalhador terceirizado medidas de proteção à saúde e de segurança no trabalho e de instalações adequadas à prestação do serviço.

Perceba-se que são direitos condicionais. Assim, se todo um setor da empresa for terceirizado, e for eliminado refeitório, nenhuma alimentação será fornecida aos trabalhadores trazidos pela via da terceirização porque não haverá alimentação fornecida aos empregados da contratante que simplesmente não existem mais. Sobrevindo situação dessa natureza, outras medidas, inclusive de ordem administrativa, poderão ser tomadas para garantia do mínimo de dignidade ao trabalhador. Deve ser observado, nesse particular, que o § 2º do art. 4-C contempla situação excepcional, garantindo alimentação e atendimento ambulatorial quando foram mobilizados terceirizados em numero igual ou superior a 20% dos seus empregados:

> § 2º Nos contratos que impliquem mobilização de empregados da contratada em número igual ou superior a 20% (vinte por cento) dos empregados da contratante, esta poderá disponibilizar aos empregados da contratada os serviços de alimentação e atendimento ambulatorial em outros locais apropriados e com igual padrão de atendimento, com vistas a manter o pleno funcionamento dos serviços existentes.

Ademais, existem outros pontos que merecem destaque. Dentre eles, a proibição de utilizar os terceirizados em atividades distintas daquelas do contratado com a prestadora (art. 5º, § 1º), podendo os serviços ser executados nas instalações físicas da contratante ou em outro local, desde que previamente avençado pelas partes (art. 5º, § 2º).

Ao contrário do que tem sido apregoado, não deixou a lei o trabalhador terceirizado desamparado. Cuida, no § 3º do mesmo art. 5º da garantia de desenvolver seu trabalho em condições de segurança, higiene e salubridade, responsabilidade direta da empresa contratante, sujeita à fiscalização pelas autoridades administrativas competentes.

Além disso, é facultado o direito de acesso a serviços médicos e ambulatoriais e locais de refeição da tomadora (art. 5º-A, § 4º). Para tanto, e recomendável que seja consignada expressa previsão no contrato entre prestador e cliente, porque não se cogita de negociação coletiva no particular, regra compatível com o *caput* do art. 4º-C. O dispositivo consigna:

> § 4º A contratante poderá estender ao trabalhador da empresa de prestação de serviços o mesmo atendimento médico, ambulatorial e de refeição destinado aos seus empregados, existente nas dependências da contratante, ou local por ela designado.

Dois outros destaques merecem, ainda, a lei brasileira de terceirização. O primeiro cuida de uma forma de pejotização, que é temporalmente vedada pela norma num primeiro momento, pela necessidade de cumprir uma quarentena. É o que consta do art. 5º-C ao proibir que uma empresa prestadora de serviço que tenha como titular ou sócio um antigo empregado ou um trabalhador sem vínculo empregatício, nos últimos dezoito meses, seja contratada, salvo se esse titular ou sócio for aposentado. Ou seja, passado esse período de um ano e meio, o ex-empregado pode constituir sua empresa e passar a *prestar serviço*, encobrindo-se uma pejotização, tema que tratamos em outro texto neste livro.

O segundo destaque acaba por vitimizar o trabalhador. O art. 5º-D proíbe que o empregado demitido da empresa trabalhe para essa mesma empresa como empregado de uma prestadora de serviço, salvo após expirado o prazo de dezoito meses a contar da sua despedida, tratando-se de uma nova quarentena. Em outros termos, ou o desempregado consegue ser terceirizado em outro local, ou simplesmente estará desempregado por um ano e meio, até poder retornar à atividade.

A norma não é a ideal, mas é menos pior sem ela, porquanto, antes dessa mudança que a Lei n. 13.429/17 introduziu na Lei n. 6.019/74, nada existia a respeito. Essa faculdade da contratante poderá ser, adiante, tornada obrigatória pela jurisprudência dos tribunais trabalhistas.

Apesar do disposto no art. 5º-C, não se deve confundir terceirização com pejotização, que, como visto em outro local deste livro, é uma clara fraude aos direitos do trabalhador.

Mesmo assim, a terceirização, que parece inevitável no mundo moderno, apelidado de neo-liberal, significa prejuízos cada vez mais expressivos para o trabalhador, merecendo ser tratada com extrema cautela a fim de não representar apenas malefícios para a classe obreira, considerando que a atividade terceirizada encarece o preço do produto final e barateia o da mão de obra.

24. Trabalho Intermitente

Com a reforma introduzida na CLT pela Lei n. 13.467/17, as formas de contrato individual de trabalho, ou contrato de emprego passaram a ser, conforme consta do *caput* do art. 443 da CLT, as seguintes:

> Art. 443. O contrato individual de trabalho poderá ser acordado tácita ou expressamente, verbalmente ou por escrito, por prazo determinado ou indeterminado, ou para prestação de trabalho intermitente.

Os traços que caracterizam um contrato de trabalho, exceção feita ao último tipo referido no art. 443, são os seguintes:

— reciprocidade — também chamado de sinalagmático, indicando que existem obrigações contrárias e equivalentes para as partes: o empregado dá sua força de trabalho; o empregador paga-lhe o salário;

— sucessividade — porque o contrato de trabalho é de trato sucessivo, decorrendo de sua natureza contínua, de duração geralmente ilimitada no tempo. E a sua não eventualidade, porque a prestação de serviço do empregado se dá normalmente por prazo indeterminado, o que faz o contrato ser duradouro;

— pessoalidade — é o caráter *intuitu personae* do contrato de trabalho. Nunca o empregado é uma pessoa jurídica, mas sempre uma pessoa física, uma pessoa singular, perfeitamente identificável como tal. Quando um empregador contrata um empregado, não quer interposta pessoa, mas aquela pessoa determinada;

— onerosidade — o salário é a contraprestação do empregador ao empregado pelo trabalho despendido a seu favor. Não se trata de um ônus patronal, mas de justa retribuição, na medida em que este deve responder pela remuneração do obreiro e os encargos sociais decorrentes da contratação e dos frutos que recebe a partir do trabalho desenvolvido;

— subordinação jurídica — é o mais importante elemento caracterizador da condição de empregado. Entende-se como tal aquela condição exclusiva do empregado de receber e cumprir ordens ao empregador, que lhe cuida das atividades, lhe autoriza cumprimento de jornada regular e suplementar, que lhe retribui pecuniariamente os serviços dispensados. O empregador possui dever de direção, de controle, de aplicação de penas disciplinares, e, do lado oposto, os deveres dos empregados de obediência, diligência e fidelidade[16].

---

(16) N. sent.: SÜSSEKIND, Arnaldo Lopes *et alii*. *Instituições de direito do trabalho (I)*. 22. ed. São Paulo: LTr, 2005. p. 247, *passim*.

Desse elenco de características, sem dúvida é a subordinação jurídica que melhor proporciona o reconhecimento da relação de emprego. No entanto, existem os demais requisitos que não devem ser esquecidos, sobretudo a continuidade, o trato sucessivo do contrato, que se repete, preferencialmente, sem limite de prazo de duração.

É essa condição de habitualidade que permite ao empregado sentir-se participante da empresa, e à empresa é o aumento do grau de fidúcia naquele trabalhador que ajuda o empreendimento a crescer.

O outro traço igualmente importante é o fato de haver remuneração ao empregado pelo trabalho prestado e essa contra prestação deve ser permanente, constante, frequente, de modo a garantir a tranquilidade necessária para o trabalhador desenvolver sua atividade, sabendo que, ao final de determinado período, receberá o justo valor avençado.

A ausência desta remunerabilidade inquieta e desestimula o trabalhador, levando-o ao desgaste psicológico com graves e negativas repercussões familiares e no convívio interpessoal geral, inclusive na relação com colegas de trabalho e superiores hierárquicos.

Na parte final do *caput* do art. 443 da CLT está a alusão a outro tipo de contato de emprego: o contrato de trabalho intermitente, esses contratos ultraflexíveis que, no Reino Unido, são chamados de *zero-hour contract*.

Como referimos acima, em todos os pactos de trabalho os traços caracterizadores são os que enumeramos. Porém, quando nos referimos ao contrato de trabalho intermitente defrontamos com uma situação atípica.

É § 3º do art. 443 da CLT que oferece a definição legal desse tipo de contrato de trabalho, nos seguintes termos:

> § 3º Considera-se como intermitente o contrato de trabalho no qual a prestação de serviços, com subordinação, não é contínua, ocorrendo com alternância de períodos de prestação de serviços e de inatividade, determinados em horas, dias ou meses, independentemente do tipo de atividade do empregado e do empregador, exceto para os aeronautas, regidos por legislação própria.

Esse contrato deve ser sempre celebrado por escrito, e registrado na CTPS do trabalhador, independentemente de previsão em acordo coletivo de trabalho ou convenção coletiva de trabalho (*caput* do art. 452-A). Deverá esse registro consignar identificação, assinatura e domicílio ou sede das partes, entendendo-se como tal a residência do trabalhador e a sede do estabelecimento em que desenvolverá suas atividades intermitentes (art. 452-A, n. I).

Outro registro que deve ser efetuado é o do valor da hora ou do dia de trabalho, observados os limites do salário mínimo vigente, sendo garantido o adicional noturno (inciso III), que deve corresponder a valor superior a hora diurna e será igual ou maior que aqueles dos empregados contratados normalmente que exerçam a mesma função (§ 12). Isto afasta a possibilidade de, em tese, ser negociado adicional noturno inferior ao fixado em lei.

Note-se que o sistema brasileiro é diferente daquele existente em Portugal, como apontaremos abaixo, onde o salário do trabalhador intermitente dependerá de negociação coletiva.

A prestação do trabalho nas condições que se considera de intermitência admite sua determinação em horas, dias ou meses, ou seja, o empregado pode ser contratado para trabalhar por quatro horas, ou quinze dias ou dois meses, dependente da atividade que vai desenvolver. Receberá pelo tempo efetivamente trabalhado, não recebendo pelo período inativo, ao contrário do direito português que prevê uma compensação, como mencionaremos adiante.

Novidade no Brasil, o trabalho intermitente existe mundo afora. Na Europa, embora também exista na França e na Alemanha, colhemos dois exemplos para exame: Portugal e Itália.

Em Portugal, o atual Código do Trabalho (Lei n. 7/2009 de 12 de fevereiro) cuida, nos arts. 157 a 160, do trabalho intermitente, que somente pode ser admitido em empresa que exerça atividade com descontinuidade ou intensidade variável, quando as partes podem acordar que a prestação de trabalho seja intercalada por um ou mais períodos de inatividade, e o contrato não pode ser celebrado por prazo certo ou contratação temporária (art. 157).

O contrato deve ser celebrado por escrito, indicando a jornada anual de trabalho ou o número de dias de trabalho durante o ano, e, se o contrato não for escrito ou não consignar esses registros, será tido como contrato sem inatividade, o mesmo sucedendo quando a jornada registrada for superior a um contrato por tempo completo (art. 158), o que importa em um contrato de trabalho comum.

De acordo com o art. 159, o período de prestação de trabalho intermitente deve ser estabelecido pelas partes de modo consecutivo ou intercalado, registrando o início e o final de cada período de labor, sendo registrado o tempo de antecedência de no mínimo vinte dias que o empregador deve ter para informar ao trabalhador do início do período de trabalho, pena de falta grave patronal, período esse que deve ser, anualmente, de seis meses, quatro dos quais consecutivos.

Em Portugal, o trabalhador intermitente tem direito a uma compensação retributiva pelo período em que estiver inativo, cujo valor deve ser estabelecido em negociação coletiva ou, na falta, no valor de 20% da remuneração básica correspondendo ao período similar de atividade (art. 160, 1).

No que refere às férias e à gratificação de Natal, devem ser calculados considerando a média dos valores recebidos nos doze meses anterior, ou pelo período de duração do contrato, se menor (art. 160, 2).

Nos período de inatividade, o trabalhador intermitente pode exercer outras atividades e todos os direitos, deveres e garantias das partes permanecem, salvo o que se refere ao efetivo trabalho (art. 160, 3 e 4).

Na Itália, o regramento do trabalho intermitente é o que consta do Decreto Legislativo n. 81/2015, cuidando da reorganização dos tipos contratuais. Segundo esse decreto, o trabalhador intermitente somente exerce atividades quando for necessário, mediante contrato escrito, podendo ser estipulado em duas situações: 1) necessidades previstas em normas coletivas autônomas em períodos predeterminados da semana, mês ou ano; e 2) por menores de 24 anos ou mais de 55 anos, deve, no primeiro caso, a intermitência terminar até a pessoa completar 25 anos.

A legislação italiana prevê, ainda, que o contrato de trabalho intermitente é permitido por um período não superior a quatrocentos dias, considerando três anos, exceto nos setores de turismo, vida pública e entretenimento. Prazo superior a quatrocentos dias em três anos transforma o contrato de trabalho intermitente em contrato por prazo indeterminado.

Originalmente, o *caput* e os §§ 1º a 9º do art. 452-A da CLT brasileira contemplavam os diversos aspectos desse tipo de contratação. A Medida Provisória n. 808, de 14 de novembro de 2017, ampliou o elenco legislativo. Agora, o caput e os quinze parágrafos do art. 452-A e também os arts. 452-B a 452-H são dedicados a regular o trabalho intermitente.

Vejamos, a seguir, algumas das peculiaridades desse novo tipo de contratação.

Com efeito, no prazo de três dias corridos antes do início da prestação de serviços, o empregador convocará o empregado, por qualquer meio de comunicação eficaz, informando qual será a jornada a cumprir (§ 1º). Não cuida a lei de explicitar o *meio eficaz* para essa convocação, sendo de todo recomendável que seja através de algum instrumento físico ou virtual que possa efetivamente provar esse comunicado. Observe-se que o prazo da lei brasileira é mais exíguo que o adotado pelo Código do Trabalho de Portugal.

Recebido o aviso para comparecer ao trabalho, o empregado terá o prazo de 24 horas (e não mais um dia útil) para responder ao chamado, presumindo-se, no silêncio, que se recusou atender a convocação (§ 2º), e essa recusa tácita (ou mesmo recusa expressa) não descaracteriza a subordinação para fins do contrato de trabalho intermitente (§ 3º).

Impende observar que essa contagem de prazo pelo empregado deixa de ter a incompreensão do texto original. Não há mais falar em *dia útil*. A nova regra refere a 24 horas. Considerando essas novas regras, sendo um empregado convocado para trabalhar no dia 10 (6ª-feira), sua convocação deve ser recebida até o dia 7 (3ª feira; três dias antes do início da atividade), e deve ser respondida até o dia 8 (4ª feira; um dia após receber o chamado). Como a nova norma refere à contagem em horas (24 horas), recomendável que o empregado registre, no documento de convocação, o horário do recebimento do chamado, porque sua manifestação deve ocorrer até exatas 24 horas após, pena de, no silêncio, ser presumida sua recusa (§ 2º).

Havia regra na Lei n. 13.467/17 no sentido de aplicar multa pecuniária por violação do pactuado. Era o § 4º, estipulando que, em sendo aceita a oferta, e qualquer das partes descumprindo o avençado sem justo motivo, a outra parte receberia, em trinta dias, multa de 50% calculada sobre o valor da remuneração que seria devida, permitida a compensação por igual prazo. Significava que, convocado pelo empregador e aceita a convocação, se uma das partes desfizesse o ajuste sem motivo justificado, deveria pagar ao outro, em trinta dias, o valor que seria devido ao empregado como remuneração, pela metade. Tratava-se de uma multa que qualquer uma das partes deveria à outra pela inadimplência. Poderia, todavia, essa penalidade ser compensada pelo empregado mediante a prestação de trabalho nas mesmas condições no período seguinte de trinta dias. Não existe mais essa regra que, provavelmente, sequer chegou a ser aplicada, considerando ter vigorado por apenas incríveis 72 horas.

No contrato de trabalho intermitente, as partes podem consignar os locais de prestação de serviço, os turnos para os quais poderá ocorrer convocação do empregado e as formas e instrumentos destinados à convocação e resposta para a prestação de serviços, bem como a forma de reparação recíproca por danos causados pelo cancelamento de serviços agendados (art. 452-B da CLT).

Não padecem muitas dúvidas sobre o caráter altamente precarizador do trabalho intermitente.

Aspecto altamente criticável é o que se refere a ter o período de inatividade como um momento sem direitos para o trabalhador, antes constante do § 5º do art. 452-A:

> Art. 452-A. (...)
>
> (...)
>
> § 5º O período de inatividade não será considerado tempo à disposição do empregador, podendo o trabalhador prestar serviços a outros contratantes".

Era a mesma regra existente no Direito português.

Agora, o art. 452-C cuida do tema, dispondo:

> Art. 452-C. Para fins do disposto no § 3º do art. 443, considera-se período de inatividade o intervalo temporal distinto daquele para o qual o empregado intermitente haja sido convocado e tenha prestado serviços nos termos do § 1º do art. 452- A.
>
> § 1º Durante o período de inatividade, o empregado poderá prestar serviços de qualquer natureza a outros tomadores de serviço, que exerçam ou não a mesma atividade econômica, utilizando contrato de trabalho intermitente ou outra modalidade de contrato de trabalho.
>
> § 2º No contrato de trabalho intermitente, o período de inatividade não será considerado tempo à disposição do empregador e não será remunerado, hipótese em que restará descaracterizado o contrato de trabalho intermitente caso haja remuneração por tempo à disposição no período de inatividade.

O § 2º do art. 452-C trata dos efeitos da inatividade, passando a referência ao direito do trabalhador prestar serviços a outros contratantes para o § 1º.

Assim, ao não considerar tempo à disposição do empregador, fica este liberado de qualquer obrigação contratual. O contrato de trabalho está suspenso, sem que exista qualquer ônus recíproco. Nem o trabalhador deve trabalhar para o empregador, nem este deverá pagar qualquer importância, à falta da reciprocidade necessária. Importa, então, que o empregado ficará desprovido de qualquer espécie de proteção, sequer a da seguridade, face à inexistência de, no período de inatividade, qualquer espécie de contribuição social, salvo se houver prestado serviços a terceiros.

Os direitos do obreiro em um contrato dessa natureza não lhes gerará algum direito pelo período em que não estiver efetivamente trabalhando. Afinal, ele estará, em relação a esse empregador, em ociosidade absoluta.

Temos, repita-se, que o período de inatividade nada mais é do que o tempo em que o empregado ficar na inércia, isto é, sem trabalhar (e sem receber salário). Poderá, todavia, trabalhar para terceiros, por qualquer forma de contratação, inclusive outro contrato de trabalho intermitente. E, o mais grave e lamentável, quando inativo, esse trabalhador nada receberá e, consequentemente, não haverá recolhimento para a Previdência Social (o que impactará nos seus direitos previdenciários), nem na sua conta vinculada de FGTS (o que repercutirá no seu futuro).

Precariza-se grandemente o trabalho humano com essa disposição, ainda que se considere que o trabalhador pode prestar serviços a outros contratantes. No entanto, essas condições lhes retira muito da sua tranquilidade e deve ser bem fixado que, caso não sejam rigorosamente observadas as regras para a celebração desse tipo de contrato e da convocação do empregado, parece claro que será considerado nulo o pacto e reconhecido por prazo indeterminado a sua duração, nos moldes adotados pela legislação da Itália, quando extrapola o limite temporal fixado.

Destacamos esses dois pontos porque, reportando aos traços habitualmente caracterizadores do contrato individual de trabalho, realçamos, além da natural subordinação jurídica, a onerosidade e a continuidade.

Como visto, ao exame das regras que dispõem sobre o trabalho intermitente no Brasil, que nenhum desses dois traços está presente nesse tipo diferente de ajuste.

Dispõe § 6º do art. 452-A quando se processará o pagamento da remuneração do trabalhador. No texto primitivo, aquele da Lei n. 13.467/17, seria quando finalizado cada período de prestação de serviço intermitente. Na redação dada pela Medida Provisória n. 808, de 14 de novembro de 2017, será na data acordada para o pagamento, observada a regra do § 11, de quem se a convocação do empregado for por período superior a um mês, as parcelas não podem estipular período superior, contando-se a partir do primeiro dia de trabalho do período.

A redação do dispositivo é péssima, mas deve ser entendido que, se o trabalho for por mais de um mês, ao final de cada mês devem ser pagas remuneração, repouso remunerado e adicionais legais. As demais parcelas (férias proporcionais com acréscimo de 1/3 e 13º salário) devem ser pagas ao final desse período de convocação. Em outras palavras, o valor correspondente às férias proporcionais o empregado receberá, mas não as gozará. Além disso, deverá existir recibo de pagamento conter discriminadamente os valores de cada parcela paga (§ 7º).

O art. 452-H contempla regra específica quanto ao FGTS, nos seguintes termos:

Art. 452-H. No contrato de trabalho intermitente, o empregador efetuará o recolhimento das contribuições previdenciárias próprias e do empregado e o depósito do FGTS com base nos valores pagos no período mensal e fornecerá ao empregado comprovante do cumprimento dessas obrigações, observado o disposto no art. 911-A.

Assim, tomemos o exemplo de um engenheiro, contratado de forma intermitente, por uma construtora, sendo ajustado que poderia ser chamado, dentro dos prazos legais, sempre que se fizesse necessário, para fiscalizar o andamento de obras da empresa construtora. Em um mês, ele trabalhou o total de vinte dias, iniciado em uma segunda-feira e finalizado em um sábado. Receberá, ao final, a remuneração correspondente aos vinte dias, mais 1/12 de férias com acréscimo de 1/3, 1/12 de 13º salário e dois repousos semanais remunerados, além dos comprovantes de depósito de FGTS e de contribuição previdenciária do período. O trabalho intermitente desse mês foi concluído.

Adiante, o § 9º do art. 452-A prevê:

Art. 452-A. (...)

(...)

§ 9º A cada doze meses, o empregado adquire direito a usufruir, nos doze meses subsequentes, um mês de férias, período no qual não poderá ser convocado para prestar serviços pelo mesmo empregador.

Estaria havendo um conflito entre este dispositivo e as férias proporcionais referidas no § 6º, inciso II, anterior? Entendemos que não. O empregado contratado de forma intermitente tem, por lei, direito a receber o valor das férias proporcionais do período de convocação, e, quando inativo, nada receberá, nem gozará as férias como deve ser. A cada ano que esse tipo de contrato complete, terá direito a um mês regular de férias, com direito à sua remuneração integral, quando não poderá ser convocado por esse empregador para nenhum serviço, mas poderá, evidentemente, trabalhar para outros. Essa, parece, é a única compensação desse tipo de contrato de trabalho. Ademais, deve ser aduzido que, de acordo com o § 10, em reforço ao que pensamos, as férias do empregado contratado nesse sistema pode ser usufruída em até três períodos, conforme o art. 134, da CLT, mediante prévio acordo com o empregador. É o caso do exemplo do engenheiro, acima.

Pelo § 9º mencionado, a cada ano que esse tipo de contrato complete, terá direito o empregado a um mês regular de férias, com direito à sua remuneração integral, quando não poderá ser convocado por esse empregador para nenhum serviço, mas poderá, evidentemente, trabalhar para outros. Significa, *ultima ratio*, que receberá os duodécimos dos períodos intermitentes de atividade, e, ao cabo de doze meses, os valores integrais das férias anuais remuneradas acrescidas do terço constitucional. Serão, pela letra da lei, férias proporcionais e mais férias integrais. Em resumo, o trabalhador intermitente tem direito a duas espécies de férias: as proporcionais, correspondendo aos períodos em que efetivamente trabalhar, que apenas receberá *in pecunia*; e a integral após cada período aquisitivo de doze meses, quando, além de receber *in pecunia*, também terá direito aos dias de ociosidade.

A reforma introduzida pela Medida Provisoria n. 808/17 tratou da rescisão do contrato de trabalho intermitente, que não era objeto da Lei n. 13.467/17. Criou-se a figura da rescisão tácita, decorrente do fato de o empregador não convocar o empregado por período igual ou superior a um ano, contados de uma dentre três datas: (1) a da celebração do contrato; (2) a da última convocação, e, (3) a do último dia da prestação de serviços, a que for mais recente (art. 452-D).

Salvo as hipóteses de cometimento de falta grave pelo empregado (art. 482, da CLT) ou pelo empregador (art. 483 seguinte), quando o contrato se resolve por justa causa, quando o contrato de trabalho intermitente for extinto (art. 452-E), o trabalhador tem direito às verbas rescisórias semelhantes à da rescisão por acordo (art. 484-A), sem direito ao benefício do seguro desemprego (§ 2º do art. 452-E).

O aviso-prévio é devido na hipótese de trabalho intermitente, mas sempre será indenizado (art. 452-F, § 2º), devendo ser lembrado que seu cálculo, como os das demais verbas rescisórias, deverá considerar a média dos valores recebidos pelo empregado no curso do contrato (*caput* do art. 452-F), tendo em conta apenas os meses em que houve prestação de trabalho nos últimos doze meses ou na vigência do contrato, se por prazo menor (§ 1º do mesmo artigo).

Do lado previdenciário, o auxílio-doença é devido a partir da data do início da incapacidade do trabalhador (§ 13 do art. 452-A) e o salário-maternidade será pago diretamente pela Previdência Social, sem a intermediação patronal (§ 14 do mesmo artigo).

Por fim, criou o art. 452-G uma outra forma de quarentena para o empregado que, anteriormente, era contratado por prazo indeterminado e que foi dispensado. Até 31 de janeiro de 2020, ficará proibido de ser contratado por esse antigo empregador na modalidade de trabalho intermitente, considerando o prazo de dezoito meses (um ano e meio) a partir da data da demissão. Essa regra intertemporal deixará de produzir seus efeitos na data expressamente assinalada.

25. Ultratividade

O fenômeno conhecido por ultratividade é o mecanismo por meio do qual, expirado o prazo de vigência de uma norma coletiva, ocorre a sobrevivência das condições de trabalho mesmo depois, até que outra cláusula suprima ou modifique expressamente aquela.

Em 2012, o TST deu nova redação à sua súmula de jurisprudência dominante de n. 277, estabelecendo:

> SÚMULA N. 277 – CONVENÇÃO COLETIVA DE TRABALHO OU ACORDO COLETIVO DE TRABALHO. EFICÁCIA. ULTRATIVIDADE – As cláusulas normativas dos acordos coletivos ou convenções coletivas integram os contratos individuais de trabalho e somente poderão ser modificados ou suprimidas mediante negociação coletiva de trabalho.

A doutrina, todavia, não é pacífica, assinalando Amauri Mascaro Nascimento que, se vencida uma convenção coletiva de trabalho, e a cláusula que existia não aparecer no novo instrumento, têm-se por cessados seus efeitos[17], ou seja, exatamente o oposto do que previa a Súmula n. 277.

Durante algum tempo, observamos que a jurisprudência fixou que as cláusulas não repetidas permanecem vigentes até norma coletiva superveniente. Esse passo, a nosso ver, enfraquecia e dificultava a negociação coletiva, no mínimo engessando cláusulas que poderiam ser modificadas de acordo com as reais necessidades das categorias. Por outro ângulo, no entanto, preservava o trabalhador de ficar desprovido de algum benefício existente na norma que perdera vigência, mas que continuava com validade até que outra a substituísse, mantendo, modificando ou até mesmo eliminando um direito existente na regra antiga.

Em outubro de 2016, o Min. Gilmar Mendes, do STF, deferiu liminar[18], determinando *a suspensão de todos os processos em curso e dos efeitos de decisões judiciais proferidas no âmbito da Justiça do Trabalho que versem sobre a aplicação da ultratividade de normas de acordos e de convenções coletivas, sem prejuízo do término de sua fase instrutória, bem como das execuções já iniciadas.*

Com a reforma de novembro de 2017, o § 3º do art. 614 da CLT sofreu acréscimo e, de uma vez, sepultou a existência da ultratividade no Direito Coletivo do Trabalho do Brasil, proibindo sua prática. Hoje, o dispositivo está assim redigido:

---

(17) NASCIMENTO, A. M. *Iniciação ao direito do trabalho*. 33. ed. São Paulo: LTr, 2007. p. 93.

(18) Trata-se da ADPF n; 323-DF, de 14.10.2016 (Confederação Nacional dos Estabelecimentos de Ensino — CONFENEN. Intdos.: Tribunal Superior do Trabalho, Tribunal Regional do Trabalho da 1ª Região e Tribunal Regional do Trabalho da 2ª Região). Rel. Min. Gilmar Mendes. Disponível em: <http://www.stf.jus.br/portal/cms/verNoticiaDetalhe.asp?idConteudo=327394&caixaBusca=N>. Acesso em: 2 nov. 2016.

§ 3º Não será permitido estipular duração de convenção coletiva ou acordo coletivo de trabalho superior a dois anos, sendo vedada a ultratividade.

O final do § 3º, então, veda o uso desse instrumento de interpretação, donde devemos considerar que, a partir do momento da expiração do prazo de vigência de norma coletiva autônoma, não tendo sido negociada nova cláusula que mantenha ou modifique a anterior, devemos ter como extinta a garantia que até então existia.

Não deve ser olvidada, todavia, a existência da ADPF n. 323-DF, que ainda não teve seu mérito apreciado e, quando for, dependendo do que decidir o STF, poderá ser restabelecida a ultratividade.

III — Futuro do Trabalho, do Direito do Trabalho e da Justiça do Trabalho

1. Origens do futuro

O que é futuro? Passado? Presente? Muitas vezes, perguntamos a nós mesmos se existem diferenças entre essas situações. Concluímos que o passado é infinito, que o futuro é o presente, e que o presente não existe.

Expliquemos: no momento em que falamos no presente, ele, que antes era futuro, imediatamente passou a passado. Logo, o presente é apenas a menor parte de um milésimo de segundo que apenas serve de comunicação entre o que foi (o passado) e o que será (o futuro). Não sabemos o começo do passado como não sabemos o final do futuro. Sabemos o que é o passado, mas apenas podemos supor o que será o futuro. Podemos presumir sobre o que vem, e afirmar sobre o que foi. Num mesmo instante, vivemos a transposição do futuro em passado: este instante é o presente.

Por isso, vivendo estes primeiros tempos de uma profunda reforma trabalhista no Brasil, cuidemos do sentido do futuro, do que vem agora para tentar alinhavar pontos e identificar a possível capacidade de transição que temos nesses instantes de profundas alterações.

Em 1943, quando foi aprovada a CLT, foram reunidos os diversos textos legais esparsos que existiam no Brasil. A comissão responsável garimpou a legislação que estava vigendo e a sistematizou de modo a facilitar seu entendimento e sua aplicação pela sociedade.

Logo começaram a surgir mudanças e não demorou para termos, como temos ainda hoje, uma fartíssima legislação trabalhista extravagante que se confunde com a CLT e, o pior, confunde quem quer aplicar a CLT.

É costume ser dito que a CLT é anacrônica, superada, em descompasso com os tempos modernos, uma colcha de retalhos sem rumo, e que o que está nela precisa ser revisto.

Diziam que a CLT era uma cópia da *Carta del Lavoro* da Itália porque um documento corporativista. Uma falácia. Pelo menos em tamanho a CLT está na frente: tem, na sua origem, 910 artigos. O diploma italiano possui apenas trinta artigos (menos de 4% da CLT)

De uns tempos para cá, muita coisa mudou nas relações trabalhistas. A modernização dos meios de produção, a facilidade da comunicação, a melhor formação profissional trouxeram profundas alterações na vida do trabalho, mas a legislação reguladora permaneceu inerte e acabou apresentando sinais de superação. Isto foi demonstrado ao longo desta obra.

Diversas tentativas de mudança legislativa foram feitas. Todas foram infrutíferas. Nada deu certo porque devemos acreditar que tenha faltado coragem parlamentar e discussões estéreis que não levaram a nada.

Em 2008, quando presidente da Academia Brasileira de Direito do Trabalho, designamos comissão presidida pelo saudoso mestre Amauri Mascaro Nascimento e composta pelos juristas Nelson Mannrich e Luiz Carlos Amorim Robortella, que elaborou um alentado anteprojeto de Lei de Relações Individuais do Trabalho. Igualmente não deu resultado e não passou de mais um documento para discussões em nível acadêmico.

Quando assumiu o Governo Michel Temer, em um crescente maremoto, que a globalização transformou em *tsunâmi*, de crise, um projeto minúsculo, o Projeto de Lei n. 6.787, de 2016, foi encaminhado pela Mensagem n. 688/16 ao Congresso Nacional. Basicamente propunha alterar regras sobre multas administrativas, trabalho a tempo parcial, representação de trabalhadores nas empresas, supremacia das normas negociadas sobre a legislação em exatos treze itens, e critérios para contagem de prazos, além de mudanças na lei do trabalho temporário.

Dos debates no Parlamento, o Projeto de Lei n. 6.787/16 passou a ser o Projeto de Lei n. 38/17, no Senado, e, o que era *nanico*, transformou-se em um *mastodonte*, e, agora, é o que vale: transformou-se na Lei n. 13.467, de 13 de julho de 2017. E pronto. E basta. Basta, e começou a vigorar em 11 de novembro de 2017. Passadas as primeiras 72 horas de sua vigência, o mundo brasileiro do trabalho foi surpreendido com a *reforma da reforma*, por meio da edição da Medida Provisória n. 808, de 14 seguinte.

Muita coisa foi mudada. Bem mudadas algumas. Mal mudadas outras. Caberá aos interlocutores sociais os ajustes e sobretudo à Justiça do Trabalho corrigir os erros para não violar mais ainda os princípios que, arduamente, foram conquistados pela sociedade e que informam o Direito do Trabalho, sem descurar, todavia, a necessidade de alinhar o Brasil com o resto do mundo dito civilizado. Sequer sabemos, no momento presente da vida do país, se outras alterações serão processadas.

Em pinceladas, esta é a origem do *futuro* de tudo que envolve o trabalho em nosso país. É diante dele, do futuro, que nos encontramos. Então, vejamos o que ele nos reserva.

2. Futuro do trabalho

Temos muitas coisas a considerar a partir de agora, e ainda é cedo para admitir que tudo está absorvido pela doutrina, pela jurisprudência e, sobretudo, pela sociedade.

Devemos lançar uma visão prospectiva sobre o possível futuro do trabalho. Não se fala mais no trabalho subordinado nos modelos do século XX (Taylorismo, Fordismo, Toyotismo, Volvismo, Gatismo etc.). Devemos cogitar do trabalho para o restante do século XXI e para os séculos que hão de vir.

Tempos atrás, circulou nas redes sociais um texto sobre novos e velhos empregos. Dizia: *Não é o mais forte e não é o mais inteligente que irá sobreviver no mercado. Mas sim, quem se adaptar mais rápido as grandes mudanças no mercado.* E, a partir daí demonstrava quatorze momentos dessas mudanças: *o MP3 faliu as gravadoras. O Netflix faliu as locadoras.*

O Booking complicou as agências de turismo. O Google faliu a Listel – Páginas Amarelas e as enciclopédias. O Airbnb está complicando os hotéis. O WhatsApp está complicando as operadoras de telefonia. As mídias sociais estão complicando os veículos de comunicação. O Uber está complicando os taxistas. A OLX acabou com os classificados de jornal.O celular acabou com as revelações fotográficas e com as câmeras amadoras. O Zip Car está complicando as locadoras de veículos. A Tesla está complicando a vida das montadoras de automóveis. O e-mail e a má gestão complicaram os correios. O Marketing de Rede mudou a forma de comércio. O mundo evoluiu, e com ele também a maneira de se viver e ganhar dinheiro... Quanto mais atrasada a nossa visão mais caro pagaremos por isso. Antecipe-se.

Este é um alerta temeroso. Lamentavelmente, não é possível aprofundar estudos a esse respeito neste livro. Afinal, a *bola de cristal* da doutrina não permite, ainda, posições conclusivas e fechadas. Porém, precisamos considerar que as alterações tecnológicas mudaram a forma de trabalhar. Existe o teletrabalho, que, bem ou mal, as novas regras pretendem regular. Haverá, nesse aspecto, que serem procedidos a ajustes que, no entanto, irão surgir a partir das dificuldades da implementação de alguns comandos legais.

Temos a Educação a Distância (EAD), que é uma forma nova e diferente de ensinagem e diferente de aprendizado. E o professor, que é trabalhador, está atravessando um modo diverso de convivência com o alunado.

Existem trabalhos que teremos que nos adaptar: trabalho intermitente, dentre outros, que pode representar formas de precarização do trabalho humano. Na mesma linha, a terceirização, a quarteirização e a pejotização, que, lamentavelmente, acabarão sendo acolhidas e adotadas na sua plenitude.

Olhando este *novo mundo* nos deparamos com três palavras que caíram no gosto (ou desgosto) popular. Bauman dizia sobre duas delas: flexibilização é o *nome politicamente correto da frouxidão de caráter*[19], e desregulamentação é *a palavra da hora e o princípio estratégico louvado e praticamente exibido pelos detentores do poder*[20]. A terceira é precarização que parece ser o destino do futuro do trabalho humano, fruto do desemprego estrutural, da oferta de mão de obra crescente em contra passo com a redução dos postos de trabalho, da ampliação do mercado informal, do subemprego e do desemprego.

Nesse meio de tanto dissabor, surgem os empregos verdes, que podem ser, pelo menos, uma forma de salvar o planeta da sua autodestruição.

Ademais, poderão as empresas (grandes, médias, pequenas, micro, individuais) sobreviver sem trabalhadores? E devem ser todos os trabalhadores considerados subordinados, e, portanto, empregados?

Precisamos repensar esses temas. Olhar para além das nossas fronteiras geográficas e acompanhar como andam os outros países. Vendo no exterior: em março de 2017, 22,5% da população da Grécia estavam desempregados, e, na Espanha, eram 18,75%. Em maio, o Brasil tinha 13,3% de desempregados em sua população, e os Estados Unidos registravam

---

(19) BAUMAN, Zigmunt. *Capitalismo parasitário*. Trad. Eliana Aguiar. Rio de Janeiro: Zahar, 2010. p. 34.

(20) BAUMAN, Zigmunt. *Comunidade*: a busca por segurança no mundo atual. Trad. Plínio Dentzien. Rio de Janeiro: Zahar, 2003. p. 42.

4,5% [21]. E, da mesma forma como o desemprego aumenta, assim também crescem as mazelas do mundo: quase oitocentos milhões de desnutridos, mais de seiscentos milhões sem acesso a água potável, aproximadamente quatro milhões de crianças morrendo por ano antes de completar cinco anos de idade, e, dentro de pouco mais de dezesseis mil dias (menos de 44 anos) acabará o petróleo do planeta[22]. Em meio a isso tudo, o Brasil é o décimo país mais desigual do mundo, de acordo com o Programa das Nações Unidas para o Desenvolvimento (PNUD).

É neste quadro temeroso e temerário que se apresenta o futuro do trabalho.

3. Futuro do Direito do Trabalho

Passa o Direito por grandes mudanças. A tutela do Estado vem sendo pedida para ser afastada. A sociedade não está mais confiando no que o Estado (os três Poderes) pode lhe proporcionar.

Campeia a insegurança e a desordem. O Executivo pouco faz e vive às voltas com crescentes denúncias de malfeitos públicos. O Legislativo de há muito esqueceu de ser legislador, sua missão principal, e caminha em um pantanal de indícios pouco recomendáveis. O Judiciário, por força das leis mal feitas, arrasta-se lentamente sem atender à celeridade que a Constituição precisou dizer que deve existir, e, ainda assim, defronta-se com uma legislação processual que modifica a forma de contagem dos prazos para exclusivamente considerar os dias úteis.

A grande pregação de hoje é no sentido de fortalecer a autonomia privada coletiva. Esse, aliás, é o mote principal do atual modelo legislativo trabalhista adotado no Brasil.

Mas não é novo. Vem desde 1988 e passou desapercebido, em meio aos louvores festejando uma constituição promulgada por uma Constituinte original. Lamentavelmente, muita coisa passou para a Constituição vigente quando deveria, no máximo, figurar em lei ordinária. Outras tantas constaram como norma programática, e continuam constando da mesma forma. São direitos que existem, mas que, sob reserva legal, não podem ser exercidos na sua plenitude. Veja-se, como exemplo, o direito de greve dos servidores públicos, que depende de lei específica e que é regidom a partir de decisão da Suprema Corte, por uma lei de greve em atividades essenciais, *no que couber*.

A negociação coletiva figurava na CLT desde 1943. Permaneceu até os dias correntes e ganhou foros especiais, quando o TST aprovou a Instrução Normativa n. 4/1993, que exigia o esgotamento das instâncias extrajudiciais para o ajuizamento de dissídio coletivo. Revogada a Instrução, readquiriu a Justiça do Trabalho seu poder normativo, a nosso ver, um dos momentos mais fenomenalmente importantes do Judiciário trabalhista, considerando a realidade sindical que os opositores a esse poder insistem em entender como questão de menor importância.

Sobreveio a Emenda Constitucional n. 45, de 2004, e foi incluída a dicção *de comum acordo* no § 2º do art. 114 da Constituição, para os dissídios coletivos de natureza econômica.

---

[21] Disponível em: <https://pt.tradingeconomics.com/country-list/unemployment-rate>. Acesso em: 30 jun. 2017.

[22] Disponível em: <http://www.worldometers.info/br/>. Acesso em: 30 jun. 2017.

A partir daí, enfraqueceu-se, novamente, o poder normativo, e os processos dessa espécie são extintos sistematicamente, sem resolução do mérito. Debalde isso, a negociação coletiva não foi em frente. Apenas uma decisão isolada, do TRT da 8ª Região, declarou a inconstitucional incidental desse *de comum acordo*.

Agora, os arts. 611-A e 611-B da Lei n. 13.467/17 cuidam da prevalência da norma negociada sobre as disposições legais em vigor. Isto é bom, porque, ao cabo, é fortalecida a autonomia privada coletiva, e capital e trabalho ficam *em pé de igualdade*. O problema não é *ficar em pé*. A questão é a *igualdade*, que, todos sabemos, não existe.

Por que não existe? A razão é simples: os sindicatos brasileiros de trabalhadores são muitos, demasiadamente pulverizados, e exageradamente fracos, salvo umas pouquíssimas exceções que não chegam a representar nem 5% dos quase 17.000 regularmente registrados no Ministério do Trabalho.

No Pará, por exemplo, raros são os sindicatos realmente fortes e representativos: urbanitários, trabalhadores em transportes coletivos, comerciários, e talvez mais uns dois ou três. O resto não tem poder de pressão para obter conquistas adequadas em uma negociação direta.

Os direitos do art. 611-A da CLT podem ser livremente negociados (*entre outros*), por isso poderia ser chamado esse dispositivo de *negociado*, e são direitos que constam da legislação e que, também por lei, poderão ser negociados.

O § 2º desse artigo prevê que a inexistência de expressa indicação de contrapartidas recíprocas em convenção coletiva ou acordo coletivo de trabalho não ensejará sua nulidade por não caracterizar um vício do negócio jurídico, na linha do que, anteriormente, acenara o STF (RE n. 895.759, rel. Min. Teori Zavaski; RE n. 590.415-SC, rel. Min. Luiz Roberto Barroso; ADPF n. 323-DF, rel. Min. Gilmar Mendes). Ademais, se procedente a anulação de uma cláusula negociada, a compensatória seguirá o mesmo caminho, sem repetição do indébito (§ 4º).

O art. 611-B é o legislado, repetindo, basicamente, os direitos consagrados nos arts. 7º, 8º e 9º, da Constituição, somando aproximadamente três dezenas de direitos. O perigo, que não tem sido percebido por muitos, é a palavra *exclusivamente* que aparece no dispositivo. A razão do perigo é que a nulidade somente ocorre se constatada a pura e simples supressão ou redução de direitos. *Modus in rebus*, se houver alguma compensação inexistirá nulidade a proclamar.

Acreditamos que, nesse aspecto, a Justiça do Trabalho terá muito trabalho para corrigir as violações aos princípios informadores do Direito do Trabalho, em decorrência da *exclusividade* que aparece no art. 611-B.

Uma coisa, porém, parece indesmentível: o Direito do Trabalho será agora e, sobretudo, o que as partes criarem. É o resultado da conjugação de seus interesses, onde patrões e empregados coloquem suas dificuldades, seus sucessos, suas razões, suas vontades, suas ideias e seus ideais. Negociem livremente e encontrem os pontos de concordância que existem no seu *modus vivendi* e elaborem os documentos que irão reger sua convivência harmônica por um lapso temporal.

Assim, nosso Direito do Trabalho, menos que um código de leis elaborado pelo Estado, terá uma compilação de acordos coletivos de trabalho e convenções coletivas de trabalho e de acordos individuais também (porque existe previsão até para isso), e serão essas as regras que, primordialmente, irão reger as relações de convivência entre trabalhadores e patrões no Brasil.

As normas heterônomas, todavia, não devem ser consideradas supletivas dessas autônomas. Terão papel de contrapeso, de fiel da balança, para equilibrar as diferenças que demonstrarem a desigualdade entre as partes. Não procedendo dessa forma, estaremos rompendo com tudo o que existe no mundo do Direito do Trabalho. É importante que os seus princípios basilares continuem a ser observados, sem exageros, mas com equilíbrio, serenidade e seriedade, inclusive, e especialmente, no momento em que as normas que vierem a surgir estiverem sendo negociadas.

4. Futuro da Justiça do Trabalho

A instituição *Justiça do Trabalho* foi criada na Constituição de 1934, como órgão do Poder Executivo, e somente em 1946 passou a integrar o Poder Judiciário. Dos antigos oito Conselhos Regionais do Trabalho, hoje este segmento do Poder Judiciário espraia-se em 24 Tribunais Regionais do Trabalho. Na Amazônia, na que costumamos chamar de *Justiça Amazônica do Trabalho*, em que pese sua dimensão continental, possuímos apenas três TRTs (dois de médio porte, o da 8ª com 23 desembargadores (Pará e Amapá) e o da 11ª com 14 desembargadores (Amazonas e Roraima) e um de pequeno porte, o da 14ª Região com oito desembargadores (Rondônia e Acre), com um total de 45 desembargadores (dos 567 existentes no Brasil) e, nessas três regiões estão apenas 120 Varas do Trabalho (56 na 8ª, 32 na 11ª e 32 na 14ª), das 1.587 Varas que funcionam no Brasil (101 Juízes na 8ª, 64 na 11ª e 63 na 14ª, perfazendo 228, dos 3.361 juízes trabalhistas brasileiros). Existe o Estado do Tocantins, que, todavia, está sob jurisdição do TRT da 10ª Região (Distrito Federal). O fato que queremos ressaltar é que, salvo quatro Estados da Amazônia (Amapá, Acre, Roraima e Tocantins), todos os demais possuem os seus próprios tribunais do trabalho. Esquecida sempre, esqueceram que aqui existem trabalhadores humanos que querem ter acesso à Justiça.

Como vivemos num mundo atingido pelo vírus da estatística, devemos considerar a importância da Justiça do Trabalho como fonte de arrecadação. De janeiro a maio de 2017, as 24 regiões trabalhistas brasileiras arrecadaram para os cofres públicos R$-12.894.245,05, referentes a custas, emolumentos, contribuições previdenciárias e Imposto sobre a Renda, e, no mesmo período, receberam um total de 415.557 processos, um aumento de 8,9% em relação ao mesmo período do ano passado quando foram recebidos 381.766 processos[23], atendidos, no 1º grau, por 1.564 Varas do Trabalho.

Segundo o Conselho Nacional de Justiça, o assunto mais recorrente na Justiça brasileira que é examinado pela Justiça do Trabalho é o que trata de rescisão contratual e pagamento de verbas rescisórias, temas que somaram quase cinco milhões de ações em 2015[24].

---

(23) Movimentação processual — Tribunais Regionais do Trabalho. Disponível em: <http://www.tst.jus.br/documents/10157/6dc49263-8903-97cb-797e-88ea10fb210e>. Acesso em: 29 jun. 2017

(24) Cf. *Justiça em números 2016*. Disponível em: <http://www.cnj.jus.br/files/conteudo/arquivo/2016/10/b8f46be3dbbff344931a933579915488.pdf>. Acesso em: 29 jun. 2017

Acreditamos que esses poucos dados servem para demonstrar a importância da Justiça do Trabalho, que, apesar disso, tem sido objeto de inúmeras críticas, algumas razoáveis, outras desprovidas de qualquer azo de verdade.

Tem sido muito comentado que, com as novas regras trabalhistas, a Justiça do Trabalho irá gradualmente perdendo sua importância e sua necessidade.

É certo que toda mudança causa transtorno e dificuldade iniciais. Precisamos fazer ajustes e reajustes. Rever entendimentos. Compreender a realidade do mundo daqui e do mundo lá fora. No Direito do Trabalho, muita coisa mudou e novos institutos surgiram. A própria noção de subordinação foi modificada. As formas de contratação ganharam outro viés.

O Poder Judiciário não pode, então, ficar alheio a essas alterações comportamentais, donde precisamos reavaliar o entendimento que temos das coisas e dos institutos que temos que gerir.

Devemos admitir que, dentre outras medidas, os magistrados trabalhistas precisam repensar seu nível de compreensão com a realidade. Afinal, o que mais importa para o trabalhador: ter garantida a sua subsistência com dignidade, ou ingressar no mundo marginal e acabar com o mínimo de felicidade que poderia ter para si e sua família?

É imperioso admitir que os juízes do trabalho precisam reavaliar seu entendimento, devem se alinhar com a realidade do mundo exterior, necessitam assumir uma postura mais moderna, considerando a irrefreável tendência do mercado mundial. São aspectos extremamente complexos e que temos grande dificuldade em admitir, compreender e aceitar.

Por outro lado, os dados estatísticos referidos antes preocupam a todos. E a Justiça do Trabalho precisa lançar seu olhar também sobre esses aspectos. Quem sente a dor do calo no sapato apertado são, cada qual a sua maneira, o empregado e o patrão. Ninguém tem o direito de ficar no lugar de nenhum deles.

A representação classista, tão criticada por perder suas características originais, tornou-se um fardo demasiadamente oneroso para o Estado, deixou de existir e, com ela, a aproximação do magistrado togado dos parceiros sociais. Os fatos ficaram mais distantes do juiz.

A Justiça do Trabalho era uma justiça simples, rápida, desburocratizada. Seu processo era ligeiro, célere. Numa única assentada de audiência resolvia-se a pendência. Predominava a oralidade, a concentração e a simplicidade. Em poucos meses, os recursos interpostos tinham percorrido todas as instâncias e iniciava-se uma execução sem dificuldades.

A agilidade trabalhista foi copiada pelos Juizados Especiais. Todos os vícios e males do processo civil, antes mera fonte subsidiária e pouca usada na Justiça do Trabalho, passaram a incorporar-se ao seu dia a dia. O criador (a Justiça do Trabalho) acabou engolido pela criatura representado especialmente pelos juizados especiais e muitas normas do novo processo civil. Não se pedem mais as parcelas comuns (aviso-prévio, férias, 13º salário), inova-se com postulações complexas, buscando tirar mais alguma coisa do patronato. Este, a seu turno, não apresenta defesa direta, deve ou não deve, fez ou não fez. Nada disso. Desenvolve longo arrazoado, repleto de citações tipo *control C; control V*, suscita defesas indiretas, argui preliminares, requer provas de difícil produção. O simples virou complexo e o rápido passou a ser lento. É a cara da Justiça do Trabalho de agora, que carece, urgentemente, de um código de processo do trabalho a fim de que seja definitivamente mandado às estantes o código de processo civil, e que o art. 769 da CLT volte a ser lido com o mesmo espírito com que foi inserido na texto consolidado em 1943: fonte subsidiária, supletiva, inferior, menor.

Fruto das dificuldades propostas para a Justiça do Trabalho atualmente, com essas novas regras que não são originalmente suas, serão fortificados os mecanismos extrajudiciais de solução de conflitos, como a mediação e a arbitragem, inclusive individual que, a nosso ver, nunca foi proibida.

As demandas trabalhistas terão, num primeiro momento, seu número elevado. Após, haverá uma retração. E, por fim, acalmados os ânimos, as ações serão ajuizadas com mais cautela por ambos os lados, considerando, inclusive, os dispositivos sobre dano patrimonial, os que envolvem a litigância de má-fé, e os honorários de sucumbência, que farão repensar o ajuizamento de lides verdadeiramente temerárias que, dia a dia, se avolumam nas Varas do Trabalho e nos tribunais, e que transformaram institutos sérios, como o do dano moral (o extrapatrimonial), em fonte inesgotável de ações, muitas absolutamente despropositadas.

É importante destacar este aspecto: exigência de postura ética dos litigantes. Os dados estatísticos revelam a elevação gradual das demandas. Por que isso ocorria? Três fatores, pelo menos: 1) pedidos sem qualquer espécie de fundamentação razoável; 2) concessão de gratuidade sem critérios mais rígidos; 3) inexistência de condenação em honorários de sucumbência do vencido ainda que parcial. A regra, antes da reforma de 2017 era: "não importa o absurdo do pedido; perder não custa nada". E tanto é verdade que é de todos sabido que existem petições iniciais que o rol de postulações supera as letras do alfabeto (de A a Z e depois AA, BB, CC, e por ai vai). Aos nobres advogados caberá a observância rigorosa das postulações para evitar que seus clientes (os trabalhadores) incorram em condenações ao pagamento de honorários sucumbências, justamente pela incúria nos pedidos formulados. Trata-se, ao cabo, de aplicar a regra contida no art. 5º do CPC. Todo cuidado e toda cautela, então, são recomendáveis.

Juízes e advogados, que são peças indispensáveis à boa justiça, necessitam, cada qual na sua área de atuação, agir com prudência. Assim, avaliando os fatos, numa perspectiva mais moderna do direito, sem descurar dos princípios basilares do Direito do Trabalho contemporâneo, que importa, necessariamente, na compreensão da realidade socioeconômica mundial, irão, nos seus respectivos territórios, fazer com que a Justiça do Trabalho continue a ser o principal instrumento de controle da paz social no Brasil.

Ao decidir, o juiz deverá, no nosso entendimento, avaliar profundamente os efeitos de seu provimento, a fim de, resolvendo uma questão individual, não danificar toda a estrutura de um empreendimento e, com isso, causar danos à sociedade e ao bem comum. Cabe aos magistrados agir sempre com o olhar lançado aos arts. 5º da LINDB, e 8º, *caput*, da CLT: sempre o interesse coletivo, comum, público deve prevalecer sobre o individual.

É uma nova tarefa que o futuro aponta para a Justiça do Trabalho em nosso país. E nada de atitudes extremas que não levam a lugar bom algum. Afinal, todo excesso é condenável.

Alain Supiot destaca que o mundo hoje vive em busca de *regulação* e não de *regulamentação*[25]. Isto é o que foi feito no Brasil agora. Serão os interlocutores sociais os responsáveis por essa regulamentação. O mínimo está garantido pela regulação estatal, sobretudo pelas regras constitucionalmente consagradas.

O importante neste momento, então, é fortalecer os sindicatos e os trabalhadores devem ter consciência disso. As normas negociadas somente não irão ser prejudiciais se os sindicatos foram atuantes e os trabalhadores são os responsáveis por tudo isso.

Lamentavelmente, a Lei n. 13.467/17 é uma criação açodada demais. Surgiu de um mini-projeto e se transformou em uma maxi-reforma. Os interlocutores sociais não foram ouvidos. As principais instituições de estudo do Direito do Trabalho sequer foram chamadas a opinar. A Medida Provisória n. 808/17 seguiu o mesmo caminho. Agora, resta recolher as sobras e tentar reconstruir tudo, sobretudo o fortalecimento dos sindicatos de trabalhadores que precisam assumir seu papel altamente responsável, e a Justiça do Trabalho, que deverá, reavaliando-se, adaptar-se ao mundo moderno das relações de trabalho.

Com efeito, mudados os paradigmas, os sindicatos passarão a viver a sua fase de mais importância: não serão fonte de arrecadação do Estado, nem seus dirigentes representarão postuladores de vagas de funções públicas. Estes serão os representantes dos interesses e dos direitos dos trabalhadores, mister que deverão desenvolver com extrema eficiência, tendo a garantia do seu próprio emprego como a mola propulsora da sua correta atividade.

Ninguém pensa que, debalde os atropelos dessa reforma, ela não sairia. Seria aprovada e sancionada, sim. E sê-lo-ia em qualquer situação e qualquer circunstância, pouco importando as ideologias que eventualmente ocupassem o poder. É o resultado de uma evolução da humanidade e fruto dessa globalização meio desordenada que estamos vivendo. Nós estamos assistindo e participando ativamente da mudança de uma fase da vida do mundo, onde o papel de entidades associativas ganha destaque indiscutível. Enfim, acabou o tempo do Estado paternal. Agora é a hora do sindicato dinâmico.

As dificuldades com a reforma das leis trabalhistas não devem ser motivo de desesperança nem de sentirmos que está ruindo o edifício da democracia e que a classe patronal será a opressora e os trabalhadores estão retornando à senzala.

Devemos ter firme esperança de que esses percalços serão todos superados, e o mundo do trabalho será de paz e felicidade para todos. O *nosso* futuro será de permanente construção de dias melhores para as gerações que hão de vir.

---

(25) SUPIOT, Alain. *Crítica do direito do trabalho*. Trad. António Monteiro Fernandes. Lisboa: Fundação Calouste Gulbenkian, 2016. p. XVIII.

Principais Obras do Autor

De autoria exclusiva

1. *Direito do Mar*. Belém, Imprensa Oficial do Estado do Pará, 1974 (esgotado).
2. *A proteção internacional aos direitos humanos*. Belém: Imprensa Oficial do Estado do Pará, 1975 (esgotado).
3. *O Pacto Amazônico: ideias e conceitos*. Belém: Falângola, 1979 (esgotado).
4. *Imunidade de jurisdição trabalhista dos entes de Direito Internacional Público* (Prêmio "Oscar Saraiva" do Tribunal Superior do Trabalho). São Paulo: LTr, 1986 (esgotado).
5. *Na vivência do Direito Internacional*. Belém: Cejup, 1987 (esgotado).
6. *Na Academia: imortal por destino. Mosaico cultural* (em colaboração). Belém: Falângola, 1987 (esgotado).
7. *Guia prático do trabalho doméstico*. Belém: Cejup, 1989 (esgotado).
8. *A arbitragem e os conflitos coletivos de trabalho no Brasil*. São Paulo: LTr, 1990 (esgotado).
9. *Liberdade sindical e direito de greve no direito comparado (lineamentos)*. São Paulo: LTr, 1992.
10. *Relações de trabalho na Pan-Amazônia: a circulação de trabalhadores* (Tese de Doutorado na Faculdade de Direito da Universidade de São Paulo). São Paulo: LTr, 1996.
11. *A nova lei de arbitragem e as relações de trabalho*. São Paulo: LTr, 1997.
12. *Globalização & desemprego: mudanças nas relações de trabalho*. São Paulo: LTr, 1998.
13. *Direito do Trabalho no STF (1)*. São Paulo: LTr, 1998.
14. *Competência Internacional da Justiça do Trabalho*. São Paulo: LTr, 1998.
15. *O servidor público e a reforma administrativa*. São Paulo: LTr, 1998.
16. *Direito do Trabalho no STF (2)*. São Paulo: LTr, 1999.
17. *Tratados internacionais*. São Paulo: LTr, 1999.
18. *Direito do Trabalho no STF (3)*. São Paulo: LTr, 2000.
19. *Globalização do trabalho: rua sem saída*. São Paulo: LTr, 2001.
20. *Direito do Trabalho no STF (4)*. São Paulo: LTr, 2001.
21. *Direito do Trabalho no STF (5)*. São Paulo: LTr, 2002.
22. *Direito do Trabalho no STF (6)*. São Paulo: LTr, 2003.
23. *Direito do Trabalho no STF (7)*. São Paulo: LTr, 2004.
24. *Ética, Direito & Justiça*. São Paulo: LTr, 2004.
25. *Direito do Trabalho no STF (8)*. São Paulo: LTr, 2005.

26. *Direito do Trabalho no STF (9)*. São Paulo: LTr, 2006.
27. *Trabalho na Amazônia: a questão dos migrantes*. Belém, Unama, 2006.
28. *Direito do Trabalho no STF (10)*. São Paulo: LTr, 2007.
29. *Direito do Trabalho no STF (11)*. São Paulo: LTr, 2008.
30. *Direito do Trabalho no STF (12)*. São Paulo: LTr, 2009.
31. *Avaliando o Direito do Trabalho*. São Paulo: LTr, 2010.
32. *Direito do Trabalho no STF (13)*. São Paulo: LTr, 2010.
33. *Direito do Trabalho no STF (14)*. São Paulo: LTr, 2011.
34. *Direito do Trabalho no STF (15)*. São Paulo: LTr, 2012.
35. *Direito do Trabalho no STF (16)*. São Paulo: LTr, 2013.
36. *Direito do Trabalho no STF (17)*. São Paulo: LTr, 2014.
37. *Curso de Direito do Trabalho*. 1. ed., São Paulo: LTr, 2015.
38. *Direito do Trabalho no STF* (18). São Paulo, LTr, 2015.
39. *Curso de Direito do Trabalho*. 2. ed. São Paulo: LTr, 2016.
40. *Direito do Trabalho no STF* (19). São Paulo: LTr, 2016.
41. *Intimidade e privacidade do trabalhador (Direito Internacional e Comparado)*. São Paulo: LTr, 2016.
42. *Direito do Trabalho no STF (20)*. São Paulo: LTr, 2017
43. *Curso de Direito do Trabalho*. 3. ed. São Paulo: LTr, 2017.

Obras coordenadas

1. *Direito do trabalho e a nova ordem constitucional*. São Paulo: LTr, 1991. Da distinção entre atos de império e de gestão e seus reflexos sobre os contratos de trabalho celebrados com entes de Direito Internacional Público. p. 29-54
2. *Curso de direito coletivo do trabalho (Estudos em homenagem ao Ministro Orlando Teixeira da Costa)*. São Paulo: LTr, 1998. Negociação coletiva transnacional. p. 291-307 – ISBN 85-7322-366-9
3. *Presente e futuro das relações de trabalho (Estudos em homenagem ao Prof. Roberto Araújo de Oliveira Santos)*. São Paulo: LTr, 2000. Globalização, a Amazônia e as relações de trabalho. p. 242-257 – ISBN 857322858X
4. *Direito e processo do trabalho em transformação* (em conjunto com os Ministros Ives Gandra da Silva Martins Filho e Maria Cristina Irigoyen Peduzzi e os Drs. Ney Prado e Simone Lahorgue Nunes). São Paulo: Campus/Elsevier, 2007. Relações de trabalho passíveis de apreciação pela Justiça do Trabalho. p. 145-155. ISBN 978-85-352-2432-0
5. *Trabalho da mulher (Estudos em homenagem a jurista Alice Monteiro de Barros)*. São Paulo: LTr, 2009. Contratos de trabalho por prazo determinado. A garantia do emprego da gestante, p. 177-184. ISBN 978-85-361-1364.7
6. *Temas atuais de direito*. Rio de Janeiro: GZ, 2013. Deslocalização interna e internacional, p. 29-38. ISBN 978-85-62027-21-5
7. *As lendas da Amazônia e o Direito*. Rio de Janeiro: GZ, 2014. Prefácio explicativo. p. VII-VIII; Lendas, mitos, fábulas e contos populares, p. 1-3. ISBN 978-85-62027-39-0
8. *Temas atuais de direito (volume II)*. Rio de Janeiro: GZ, 2014. Danos ao trabalho e necessidade de reparação. p. 77-96. ISBN 978-85-62027-54-3

9. *Direito Internacional do Trabalho. O estado da arte sobre a aplicação das convenções internacionais da OIT no Brasil* (coorganizador: Valério de Oliveira Mazzuoli). São Paulo: LTr, 2016. Incorporação e aplicação das convenções internacionais da OIT no Brasil, p. 15-23 (coautoria: Valério de Oliveira Mazzuoli). ISBN 978-85-361-8711-2

Obras em coautoria

1. *Estudos de direito do trabalho (homenagem ao Prof. Júlio Malhadas)* (Coordenação: Prof³ Anna Maria de Toledo Coelho). Curitiba: Juruá, 1992. *Imunidade das organizações internacionais. Um aspecto da competência internacional da Justiça do Trabalho*. p. 294-303, sem ISBN

2. *Processo do trabalho (homenagem ao Prof. José Augusto Rodrigues Pinto)* (Coordenação: Dr. Rodolfo Pamplona Filho). São Paulo: LTr, 1997. *A nova sistemática do agravo de petição*. p. 369-378 – ISBN 85-7322-305-7

3. *Estudos de direito do trabalho e processo do trabalho (homenagem ao Prof. J. L. Ferreira Prunes)* (Coordenação: Drs. Juraci Galvão Júnior e Gelson de Azevedo). São Paulo: LTr, 1998. *O princípio da dupla imunidade e a execução do julgado contrário a ente de Direito Internacional Público*. p. 80-92 ISBN 85-3722-385-5

4. *Manual de direito do trabalho (homenagem ao Prof. Cássio Mesquita Barros Júnior)* (Coordenação: Dr. Bento Herculano Duarte Neto). São Paulo: LTr, 1998. *Suspensão do Trabalho – Suspensão e interrupção*. p. 325-336 – ISBN 85-7322-380-4

5. *Direito internacional no Terceiro Milênio (homenagem ao Prof. Vicente Marotta Rangel)* (Coordenação: Profs. Luiz Olavo Baptista e J. R. Franco da Fonseca). São Paulo: LTr, 1998. *Considerações acerca da Convenção Internacional sobre a Proteção do Trabalhador Migrante*. p. 653-665 – ISBN 85-7322-417-7

6. *Direito do Trabalho (homenagem ao Prof. Luiz de Pinho Pedreira da Silva)* (Coordenação: Drs. Lélia Guimarães Carvalho Ribeiro e Rodolfo Pamplona Filho). São Paulo: LTr, 1998. *Importância do direito internacional para o direito do trabalho*. p. 71-77 – ISBN 85-7233-545-9

7. *Estudos de Direito (homenagem ao Prof. Washington Luiz da Trindade)* (Coordenação: Drs. Antônio Carlos de Oliveira e Rodolfo Pamplona Filho). São Paulo: LTr, 1998. *Imunidade de jurisdição dos entes de direito público externo*. p. 448-455 – ISBN 85-7322-539-4

8. *Direito sindical brasileiro (homenagem ao Prof. Arion Sayão Romita)* (Coordenação: Dr. Ney Prado). São Paulo: LTr, 1998. *Contribuições sindicais e liberdade sindical*. p. 144-152 – ISBN 85-7322-543-2

9. *Ordem econômica e social (homenagem ao Prof. Ary Brandão de Oliveira)* (Coordenação: Dr. Fernando Facury Scaff). São Paulo: LTr, 1999. *Trabalho infantil*. p. 139-143 – ISBN 85-7322-632-3

10. *Fundamentos do direito do trabalho(homenagem ao Ministro Milton de Moura França)* (Coordenação: Drs. Francisco Alberto da Motta Peixoto Giordani, Melchíades Rodrigues Martins e Tárcio José Vidotti). São Paulo: LTr, 2000. *Unicidade, unidade e pluralidade sindical. Uma visão do Mercosul*. p. 122-130 – ISBN 85-7322-857-1

11. *Temas relevantes de direito material e processual do trabalho (homenagem ao Prof. Pedro Paulo Teixeira Manus)* (Coordenação: Drs. Carla Teresa Martins Romar e Otávio Augusto Reis de Sousa). São Paulo: LTr, 2000. *Execução da sentença estrangeira*. p. 66-73 – ISBN 85-7322-883-0

12. *Os novos paradigmas do Direito do Trabalho (homenagem ao Prof. Valentin Carrion)* (Coordenação: Dr³ Rita Maria Silvestre e Prof. Amauri Mascaro Nascimento). São Paulo: Saraiva, 2001. *A legislação trabalhista e os convênios coletivos*. p. 281-287 – ISBN 85-02-03337-9

13. *O direito do trabalho na sociedade contemporânea* (Coordenação: Dras. Yone Frediani e Jane Granzoto Torres da Silva). São Paulo: Jurídica Brasileira, 2001. *A arbitragem no direito do trabalho*. p. 140-148 – ISBN 85-8627-195-0

14. *Estudos de direito constitucional (homenagem ao Prof. Paulo Bonavides)* (Coordenação: Dr. José Ronald Cavalcante Soares). São Paulo: LTr, 2001. *Identificação dos direitos humanos.* p. 119-126 – ISBN 85-361-163-6

15. *O direito do trabalho na sociedade contemporânea (II)* (Coordenação: Profa. Yone Frediani). São Paulo: Jurídica Brasileira, 2003. *A Convenção n. 132 da OIT e seus reflexos nas férias.* p. 66-73 – ISBN 85-7538-026-5

16. *Constitucionalismo social (homenagem ao Ministro Marco Aurélio Mendes de Farias Mello)* (Coordenação: EMATRA-2ª). São Paulo: LTr, 2003. *Os tratados internacionais e a Constituição de 1988.* p. 171-180 – ISBN 85-3610-394-9

17. *Recursos trabalhistas (homenagem ao Ministro Vantuil Abdala)* (Coordenação: Drs. Armando Casimiro Costa e Irany Ferrari). São Paulo: LTr, 2003. *Recurso extraordinário.* p. 55-65 – ISBN 85-3610-491-0

18. *Relações de Direito Coletivo Brasil-Itália* (Coordenação: Yone Frediani e Domingos Sávio Zainaghi). São Paulo: LTr, 2004. *Organização sindical.* p. 175-180 – ISBN 85-3610-523-2

19. *As novas faces do direito do trabalho (em homenagem a Gilberto Gomes)* (Coordenação: João Alves Neto). Salvador: Quarteto, 2006. *O triênio de atividade jurídica e a Resolução n. 11 do CNJ.* p. 143-155 – ISBN 85-8724-363-2

20. *Curso de Direito Processual do Trabalho (em homenagem ao Ministro Pedro Paulo Teixeira Manus, do Tribunal Superior do Trabalho)* (Coordenação: Hamilton Bueno). São Paulo: LTr, 2008 *Recursos trabalhistas* p. 205-215 – ISBN 97-8853-6111-21

21. *Jurisdição – crise, efetividade e plenitude institucional (volume 2)* (Coordenação: Luiz Eduardo Günther). Curitiba: Juruá, 2009. *Das imunidades de jurisdição e de execução nas questões trabalhistas.* p. 491-501 – ISBN 978-85-362-275-9

22. *Direito internacional: estudos em homenagem a Adherbal Meira Mattos* (Coordenação: Paulo Borba Casella e André de Carvalho Ramos). São Paulo: Quartier Latin, 2009. *Os tratados sobre direitos humanos e a regra do art. 5º, § 3º, da Constituição do Brasil.* p. 523-532 – ISBN 85-7674-423-6

23. *Meio ambiente do trabalho* (Coordenação: Elida Seguin e Guilherme José Purvin de Figueiredo). Rio de Janeiro: GZ Ed., 2010. *Atuação da OIT no meio ambiente do trabalho; a Convenção n. 155.* p. 199-207 – ISBN 978-85-624-9048-4

24. *Jurisdição – crise, efetividade e plenitude institucional (volume 3)* (Coordenação: Luiz Eduardo Günther, Willians Franklin Lira dos Santos e Noeli Gonçalves Gunther). Curitiba: Juruá, 2010. *Prisão do depositário infiel na Justiça do Trabalho.* p. 529-540 – ISBN 978-85-362-3197-6

25. *Contemporaneidade e trabalho (aspectos materiais e processuais; estudos em homenagem aos 30 anos da Amatra 8)* (Coordenação: Gabriel Velloso e Ney Maranhão). São Paulo: LTr, 2011. *Direito social ao lazer: entretenimento e desportos.* p. 17-23 -ISBN 878-85-361-1640-2

26. *Atualidades do direito do trabalho (anais da Academia Nacional de Direito do Trabalho)* (Coordenação: Nelson Mannrich et alii). São Paulo: LTr, 2011. *O problema das prestadoras de serviço para financeiras e grupos econômicos bancários.* p. 229-233 – ISBN 978-85-361-2108-6

27. *Dicionário Brasileiro de Direito do Trabalho* (Coordenação: José Augusto Rodrigues Pinto, Luciano Martinez e Nelson Mannrich). São Paulo: LTr, 2013. Verbetes: *Adicional de penosidade, Auxílio-alimentação, Aviamento, Cônsul, Contrato de trabalho em tempo parcial, Contrato internacional de trabalho, Deslocalização, Direito ao lazer, Direito à felicidade, Direito comparado, Entes de direito internacional público externo, Estrangeiro, Licença-paternidade, Licença-prêmio, Missão diplomática, Missão especial, Organismo internacional, Paternidade, Pejotização, Penosidade, Quarteirização,*

Repartição consular, Representação comercial estrangeira, Representante diplomático, Salário retido, Serviço militar obrigatório, Termo prefixado, Trabalho em tempo integral, Trabalho em tempo parcial, Trabalho no exterior, Tratado internacional, Vale-transporte. ISBN: 978 -85-381-2589-3

28. *Conciliação: um caminho para a paz social* (Coordenação: Luiz Eduardo Gunther e Rosemarie Diedrichs Pimpão). Curitiba: Juruá, 2013. *A arbitragem nas relações de trabalho.* p. 457-465. ISBN: 978-85-362-4056-5

29. *Estudos aprofundados Magistratura Trabalhista* (Coordenação: Élisson Miessa e Henrique Correia). Salvador: Juspodivm, 2013. *Globalização... E depois???.* p. 115-123 – ISBN 857-76-1688-6

30. *25 anos da Constituição e o Direito do Trabalho* (Coodenação: Luiz Eduardo Gunther e Silva Souza Netto Mandalozzo). Curitiba: Juruá, 2013. *Sindacalismo no Brasil*, p. 237-250 – ISBN 978-85-362-4460-0

31. *Direitos fundamentais: questões contemporâneas* (Organização: Frederico Antônio Lima de Oliveira e Jeferson Antônio Fernandes Bacelar). Rio de Janeiro: GZ, 2014. *O direito social à felicidade*, p. 141-155 – ISBN 978-85-62027-44-4

32. *Estudos aprofundados Magistratura Trabalhista* (volume 2)Coordenação: Élisson Miessa e Henrique Correia). Salvador: Juspodivm, 2014. *Deslocalização interna e internacional.* p. 187-197 – ISBN 854-42-0028-1

33. *Os desafios jurídicos do século XXI: em homenagem aos 40 anos do curso de direito da UNAMA.* (Coordenação: Cristina Sílvia Alves Lourenço, Frederico Antonio Lima Oliveira e Ricardo Augusto Dias da Silva). São Paulo: PerSe, 2014. *Recortes de um mundo globalizado*, p. 142-150 – ISBN 978-85-8196-820-9

34. *Ética e direitos fundamentais (estudos em memória do Prof. Washington Luís Cardoso da Silva).* Rio de Janeiro, LMJ Mundo Jurídico, 2014. *Refúgios e refugiados climáticos*, p. 137-143 – ISBN 978-85-62027-57-4

35. *Doutrinas essenciais dano moral (Vol. I – Teoria do dano moral e direitos da personalidade).* (Organizador: Rui Stoco). São Paulo: Revista dos Tribunais, 2015. *O direito de imagem e o novo Código Civil*, p. 315-328 – ISBN 978-85-203-6180-1

36. *Doutrinas essenciais dano moral (Vol. IV – Questões diversas sobre dano moral).* (Organizador: Rui Stoco). São Paulo: Revista dos Tribunais, 2015. *A prescrição do dano moral trabalhista*, p. 999-1012 – ISBN 978-85-203-6183-2

37. *Estudos aprofundados da Magistratura Trabalhista* (volume 2)Coordenação: Élisson Miessa e Henrique Correia). 2. ed. Salvador: Juspodivm, 2015. *Globalização... e depois?.* p. 107-114; e, *A Emenda Constitucional n. 81/2014 e trabalho forçado no Brasil.* p. 363-375 – ISBN 978-85-442-0527-3

38. *Direito ambiental do trabalho. Apontamentos para uma teoria geral (vol. 2)* (Coordenadores: Guilherme Guimarães Feliciano, João Urias, Ney Maranhão e Valdete Souto Severo). São Paulo: LTr, 2015. *Greve ambiental trabalhista*, p. 203-209 – ISBN 978-85-361-8600-9

39. *Principiologia (estudos em homenagem ao centenário de Luiz de Pinho Pedreira da Silva)* (Coordenadores: Rodolfo Pamplona Filho e José Augusto Rodrigues Pinto). São Paulo: LTr, 2016. *Princípios de Direito Internacional do Trabalho*, pp 99-104 – ISBN 978-85-361-8998-7

40. *Direitos humanos e meio ambiente do trabalho* (Coordenação: Luiz Eduardo Gunther e Rúbia Zanotelli de Alvarenga). São Paulo: LTr, 2016. *Greve ambiental trabalhista*, p. 51-55 – ISBN 978-85-361-8827-0

41. *Ciência e interpretação do direito (homenagem a Daniel Coelho de Souza).* (Coordenadores: Zeno Veloso, Frederico A. L. Oliveira e Jeferson A. F. Bacelar). Rio de Janeiro: Lumen Juris, 2016. *Legitimidade das centrais sindicais*, p. 197-209 – ISBN 978-85-8440-836-8

42. *Direitos humanos dos trabalhadores* (Organizadora: Rúbia Zanotelli de Alvarenga). São Paulo: LTr, 2016. Direitos humanos dos trabalhadores, p. 17-24 – ISBN 978-85-361-9051-8

43. *Terceirização de Serviços e direitos sociais trabalhistas* (Organizadores: Gustavo Felipe Barbosa Garcia e Rúbia Zanotelli de Alvarenga). São Paulo, LTr, 2017. Quarteirização, p. 21-24 – ISBN 978-85-361-9138-6

44. *O mundo do trabalho no contexto das reformas* (Coordenadores: Ney Maranhão e Pedro Tourinho Tupinambá). São Paulo, LTr, 2017. Reforma trabalhista: o futuro do trabalho, do Direito do Trabalho e da Justiça do Trabalho, p. 9-15 – ISBN 978-85-361-9417-2

Prefácios/Apresentações

1. *Limites do jus variandi do empregador*, da Profª Simone Crüxen Gonçalves, do Rio Grande do Sul (São Paulo, LTr, 1997)

2. *Poderes do juiz do trabalho: direção e protecionismo processual*, do Juiz do Trabalho da 21ª Região Bento Herculano Duarte Neto, do Rio Grande do Norte (São Paulo: LTr, 1999)

3. *O Direito do Trabalho na sociedade moderna* (obra póstuma), do Ministro Orlando Teixeira da Costa, do Tribunal Superior do Trabalho, de Brasília (São Paulo: LTr, 1999)

4. *Direito Sindical*, do Procurador do Trabalho José Cláudio Monteiro de Brito Filho, do Pará (São Paulo: LTr, 2000)

5. *As convenções da OIT e o Mercosul*, do Professor Marcelo Kümmel, do Rio Grande do Sul (São Paulo: LTr, 2001)

6. *O direito à educação e as Constituições brasileiras*, da Professora Eliana de Souza Franco Teixeira, do Pará (Belém: Grapel, 2001)

7. *Energia elétrica: suspensão de fornecimento*, dos Professores Raul Luiz Ferraz Filho e Maria do Socorro Patello de Moraes, do Pará (São Paulo: LTr, 2002)

8. *Discriminação no trabalho*, do Procurador do Trabalho José Cláudio Monteiro de Brito Filho, do Pará (São Paulo: LTr, 2002)

9. *Discriminação estética e contrato de trabalho*, da Professora Christiane Marques, de São Paulo (São Paulo: LTr, 2002)

10. *O poeta e seu canto*, do Professor Clóvis Silva de Moraes Rego, ex-Governador do Estado do Pará (Belém, 2003)

11. *O direito ao trabalho da pessoa portadora de deficiência e o princípio constitucional da igualdade*, do Juiz do Trabalho da 11ª Região Sandro Nahmias Mello, do Amazonas (São Paulo: LTr, 2004)

12. *A prova ilícita no processo do trabalho*, do Juiz Togado do TRT da 8ª Região Luiz José de Jesus Ribeiro, do Pará (São Paulo: LTr, 2004)

13. *Licença maternidade à mãe adotante: aspectos constitucionais*, do Juíza Togada do TRT da 2ª Região e Professora Yone Frediani, de São Paulo (São Paulo: LTr, 2004)

14. *Ventos mergulhantes*, do poeta paraense Romeu Ferreira dos Santos Neto (Belém: Pakatatu, 2007)

15. *Direito Sindical*, 2ª edição, do Procurador do Trabalho da 8ª Região, Prof. Dr. José Claudio Monteiro de Brito Filho (São Paulo: LTr, 2007)

16. *A proteção ao trabalho penoso*, da Profa. Christiani Marques, da PUC de São Paulo (São Paulo: LTr, 2007)

17. *Regime próprio da Previdência Social*, da Dra. Maria Lúcia Miranda Alvares, Assessora Jurídica do TRT da 8ª Região (São Paulo: Editora NDJ, 2007)

18. *Meninas domésticas, infâncias destruídas*, da Juíza do Trabalho da 8ª Região e Profa. Maria Zuíla Lima Dutra (São Paulo: LTr, 2007)

19. *Curso de Direito Processual do Trabalho (em homenagem ao Ministro Pedro Paulo Teixeira Manus, do Tribunal Superior do Trabalho)*(Coordenação: Hamilton Bueno). São Paulo: LTr, 2008

20. *Competências constitucionais ambientais e a proteção da Amazônia*, da Profa. Dra. Luzia do Socorro Silva dos Santos, Juiza de Direito do Pará e Professor da Unama (Belém: Unama, 2009)

21. *Extrajudicialização dos Conflitos de Trabalho*, do Prof. Fábio Túlio Barroso, da Universidade Federal de Pernambuco (São Paulo: LTr, 2010)

22. *Polêmicas trabalhistas*, de Alexei Almeida Chapper, Advogado no Estado do Rio Grande do Sul (São Paulo: LTr, 2010)

23. *Teoria da prescrição das contribuições sociais da decisão judicial trabalhista*, do Juiz do Trabalho da 8ª Região Océlio de Jesus Carneiro Morais (São Paulo: LTr, 2013)

24. *Estudos de direitos fundamentais*, obra coletiva organizada pela Profª Andreza do Socorro Pantoja de Oliveira Smith (São Paulo: Perse, 2013)

25. *Direito e processo do trabalho contemporâneos*, do Prof. Gustavo Felipe Barbosa Garcia (São Paulo: LTr, 2016)

26. *Direitos humanos dos trabalhadores*, obra coletiva organizada pela Profa. Rúbia Zanotelli de Alvarenga (São Paulo: LTr, 2016)

27. *Direito sindical*, do Prof. José Claudio Monteiro de Brito Filho (6ª ed., São Paulo, LTr, 2017)

28. *Terceirização de Serviços e direitos sociais trabalhistas*, obra coletiva organizada pelos Profs. Gustavo Felipe Barbosa Garcia e Rúbia Zanotelli de Alvarenga (São Paulo, LTr, 2017)

29. *Reforma trabalhista (análise comparativa e crítica da Lei n. 13.467/2017)*, dos Juízes do Trabalho Antônio Umberto de Souza Júnior (10ª Região), Fabiano Coelho de Souza (18ª Região), Ney Stany Morais Maranhão (8ª Região) e Platon Teixeira da Azevedo Neto (18ª Região). (São Paulo, Rideel, 2017)

Projeto Gráfico e Editoração Eletrônica: Peter Fritz Strotbek – The Best Page
Projeto de Capa: Fabio Giglio
Impressão: BOK2